U0111221

從救濟到融合

──香港政府的「中國難民政策」（1945－1980）

黃耀忠 ── 著

自序

　　這本書改編自本人的碩士論文，探討的是 1945 年至 1980 年香港政府對「中國難民問題」的處理。戰後香港面對嚴峻的人口壓力，大批內地民眾因為中國內地的戰亂、政權更替等原因持續南逃香港，帶來社會、政治、經濟和文化等方面的各種影響，成為港府戰後的一大挑戰。直到 1980 年 10 月，港府實行「即捕即解」，內地非法入境者不再被收容，「中國難民問題」才正式告一段落。本書以港府的政策措施為論述中心，闡述港府如何從被動消極的救濟，到主動尋求協助，把「難民」融入到本地社會，以至最後嘗試令「中國難民」和其他居民變成對香港有歸屬感的「香港人」。本書強調，「中國難民問題」不但牽涉救濟、遣返、轉送、收容和出入境管制等不同應對措施，也加深了冷戰時期國共兩黨以及資本主義和社會主義陣營的政治對抗和鬥爭。港府的「難民政策」因而受到內部和外部多方面因素的影響，這些因素包括香港本身的狀況、港府與中華人民共和國、「中華民國」、英國政府、香港民間社會的關係，以及冷戰時期的國際形勢。它們共同影響著戰後香港的管治和社會變化，反映香港歷史發展的錯綜複雜。

　　本書能夠完成，實在有賴許多人的協助。首先我要感謝恩

師朱益宜教授。本人才疏學淺，幸蒙朱教授多年的教導、啟迪和體諒，受益匪淺，這份師生情誼定當銘記於心。我也要感謝周佳榮教授，無論是本書的出版，抑或本人能在浸會大學歷史系深造，都與周教授的提攜分不開。黃文江教授時常為我的研究指點迷津，他當年鼓勵我報讀研究院的情景仍歷歷在目。冼玉儀教授、麥志坤博士、高馬可（John Carroll）教授、劉蜀永教授、Peter Gatrell 教授和葉漢明教授作為香港歷史研究的專家，也為我的研究提供了寶貴的意見。楊卓林博士則為我在收集檔案方面給予了莫大幫助。高添強先生、梁偉基博士、阮志博士、周家建博士提供的歷史圖片亦令本書生色不少。此外，沒有梁偉基博士和王昊先生，以及三聯書店（香港）有限公司工作人員的協調和包容，這本書的出版必定遙遙無期。

最後，我還要感謝裘錦秋中學（元朗）、香港浸會大學歷史系、香港理工大學專業及持續教育學院、香港大學孔安道紀念圖書館、香港浸會大學圖書館、香港中文大學中國研究服務中心、香港政府檔案處、深圳市寶安區檔案館以及所有曾經給予我鼓勵和幫忙的老師、同事、朋友和學生，更要感激對我不離不棄、永遠在我身邊的家人。近年，歐洲正面對二戰以後另一次極為嚴重的難民危機，各國又再次苦思如何處理大量來自中東和北非的難民。歷史閱讀不一定有借鑑之用，但必然有助於理解當下世界。拙著錯漏之處難免，惟望能拋磚引玉，也希望能引發讀者多一些思考過去的人和事。

無論如何，歷史，與我們同在。

書於香港理工大學紅磡灣校園

2019 年 9 月 21 日

序一

香港是一個人流頻密的地方，各處的訪客來到這裏旅遊、工作、買賣或暫住。自開埠以來，香港便是四方旅客的必經之地，見證了 100 多年來人口的互動及遷移。黃耀忠博士的這本書：《從救濟到融合——香港政府的「中國難民政策」（1945-1980）》正好道出香港從戰後至工業化期間的多種社會變遷，是一部難得之作。這本書亦解釋了香港在戰後經濟建設中，「難民」或移民所扮演的重要角色，對進一步理解本地歷史有很大的幫助。

本書主要討論 1940 年代至 1970 年代的社會發展，把當中歷史分為三個階段，詳細說明本地人口的變化及政府在處理問題時的態度轉變，有其獨特的見解及分析。最可貴的是，黃博士引用了大量的中、英文原始資料，包括殖民地政府檔案及寶安縣檔案，使讀者們能夠更為清楚這段歷史的真相。

香港戰後的各種社會問題，並不是香港政府能獨自處理的，當權者也倚賴第三者的協助，這包括天主教及基督新教的積極支援與貢獻。在這段歷史中，教會在香港的成長及發展過程中擔當了極為重要的角色。

黃博士是本地的年輕學者，對學術研究及學問的追尋十分

嚴謹、認真及努力。此書是黃博士的精心力作，亦看出其對香港的熱愛及關注。讀者可從此書中回味過往數十載本地歷史的一點一滴，當中將會帶來無比的樂趣。在此，我恭賀黃博士成功完成此作，亦樂見各位讀者尋得一本好書。

朱益宜

香港浸會大學歷史系教授

序二

　　在世界現代史上，1945 年是最具關鍵意義的一年，蔓延了多時的戰火得以停息，接著各地相繼展開戰後重建工作。對於香港來說，這場戰爭有三個名字：首先，是中國人的抗日戰爭；其次，是全球性的第二次世界大戰；再者，是太平洋戰爭，是香港直接受到戰火摧殘的開始，然後是「三年零八個月」的淪陷時期。2015 年，在紀念抗戰結束 70 周年之際，坊間湧現了一批有關香港戰時狀況的著作，香港史研究也因此受到了較廣泛的注意。

　　香港淪陷期間，人口由 200 萬銳減至 70 萬。戰後大量移民湧入，在社會重建和經濟復甦等方面，均起到了積極的作用，但人口激增也帶來房屋、教育和醫療等問題。其後由於中國社會巨變、國共內戰和政權更替，及至中華人民共和國建立初期的社會主義運動，對位處中國南方一隅的香港造成了各種各樣的影響。扼要地說，是人口作潮漲式增加，以及隨之而來的政治、經濟、社會等各個層面的對應措施，當時的香港甚至成為國際議論的焦點。

　　對香港的戰後歷史進行回顧，是一個重要的課題。黃耀忠的《從救濟到融合——香港政府的「中國難民政策」（1945–

1980）》一書正好接續學界探索香港日佔時期歷史的成果，為戰後香港研究開啟了新的課題和方向，從而進入另一個階段的探討。必須指出，研究這段歷史的時機已經成熟，可以從學術角度進行深入分析和客觀描述，也有助於認識香港社會現狀的由來。

耀忠此書，首先交代了難民的定義和「中國難民問題」的複雜性，然後探討香港政府在 1950 年代對待此問題的政策及其轉變，進而論述 1960 年代至 1970 年代的新政策，從消極救濟到積極融合，使大批由外地進入的人群成為香港居民。結論指出，難民定義本身眾說紛紜，不同國家、地區和機構按照本身立場去界定甚麼人屬於難民和應該予以救濟；所謂「中國難民」是否為真正的難民，在當時是國際社會爭論不休的議題，中華人民共和國一直否認香港存在「中國難民問題」，冷戰時期不同的價值取向、政治立場和利益爭奪從中亦可以充分反映出來。

幾年前歐洲出現的難民問題，成為世人矚目的大事，雖說歷史很難完全重複，但類似的狀況卻會在不同的時空再現。人道主義救援是刻不容緩的，期望歐洲當局者汲取歷史教訓，能像當年香港的做法一樣，從消極救濟到積極融合，在紓緩問題的同時，使救濟措施成為穩定社會的一塊基石。耀忠此書根據他的碩士論文改寫而成，是嚴肅認真的學術著作，不但有益於香港史研究，也可作為思考當前一些世界大事時的參考。

耀忠是香港浸會大學歷史系畢業生，完成他的博士論文

後，受聘於香港理工大學，任教香港史等科目。回憶他在系內研習期間，那幾年我擔任系主任職務，於教學、研究之外，行政工作亦很繁重。最感欣慰的事，莫過於看到一屆一屆的學生學成畢業，系內一批批對學術研究懷有熱誠的碩士生、博士生，也使我了解到教學相長的真諦。而今他們各有自己的發展，且以任教於大學的居多，學以致用，貢獻社會。寫這篇序的時候，喜悅之情溢於言表，窗外旭日升起，是此刻的一番景象。

周佳榮

目錄

前言

研究背景

　　香港是一座移民城市，移民當中有不少難民。對普羅大眾來說，印象最深的在港難民可能是近年來自南亞的尋求庇護者；又或者是 1970 年代至 1980 年代逃避戰亂而抵港的越南人。至於來自中國內地的「難民」及其形成的問題則較少人有所了解、認識。1842 年香港正式成為英國殖民地後，華人和非華人不斷湧入，同時為香港的發展帶來了機遇和挑戰。香港甚至被形容為「不同類型難民組成的社會」。[1] 以華人為主但又不受中國政府管治的特殊環境，令太平天國和抗日戰爭等時期，內地民眾因躲避內憂外患而逃往當時的英國殖民地香港。國共內戰以來，再次有大量「難民」南下抵港。資本主義和共產主義對抗的冷戰氛圍下，情況比以往更複雜：許多逃亡者沒有如以往般重返內地，留在香港的算不算真正的難民？香港政府、

---

[1] 梁家麟：〈五十年代宣道會在調景嶺的工作〉，載於劉義章、黃文江編：《香港社會與文化史論集》（香港：香港中文大學聯合書院，2002 年），頁 135。

本地社會、英國、中華人民共和國、「中華民國」等政府如何看待他們？不同政治力量之間就此有什麼分歧、矛盾和爭辯？國際社會，尤其是聯合國難民署又應否為他們提供援助？充斥著複雜元素的「中國難民問題」由此衍生，困擾著二戰後正在重建的香港，加重了香港各方面的負擔；而這又能否迫使港府加快社會的建設和改革？許多研究強調戰後的香港是難民社會，到 1960 年代和 1970 年代，本土文化開始成形，「難民」和其他居民逐漸視香港為家。這種轉變當然不是無緣無故的，其中港府的「難民政策」又發揮了什麼作用？以上種種疑問驅使筆者對香港的「中國難民問題」進行研究，希望能為戰後香港社會的轉變補充更多的解釋，也藉此歸納出港府進行管治時面對的內部和國際因素。

香港的「中國難民問題」早在 1960 年代已引起學者關注，但嚴謹的學術研究卻不多。Oliver Eugene Dial 以社會學角度指出，戰後大量內地「難民」在香港居留所衍生的衛生、住屋、火災等問題令港府的社會福利開支顯著上升。[2] 亦即是，「難民問題」迫使港府改善社會服務和管治策略。可惜的是，其研究只涵蓋至 1960 年代初，也未能運用港府和倫敦的通信等重要

---

2 Oliver Eugene Dial, "An Evaluation of the Impact of China's Refugees in Hong Kong on the Structure of the Colony's Government in the Period following World War II," (Ph.D. diss., Claremont Graduate School and University Center, 1965).

檔案，令人只知道政策及轉變，卻難以看清其決策過程。其後，學者開始探討某些「難民」聚居的場所，調景嶺作為香港最著名的「中國難民」聚居地而受到廣泛關注。魯言、胡春惠、劉義章、藍安偉、計超、林芝諺等學者從不同角度詳細考察了這一特殊區域的發展，[3] 也對筆者擴展探索整個香港的「難民問題」有所啟示。

部分研究則著眼於「難民」自身，包括其個人感受和對香港的影響。David Leroy Covin 曾訪問了 60 名「中國難民」，發現大部分「難民」對政治冷感。他們逃來香港並非對共產主義政權感到強烈不滿，而主要是因為生活困難或是跟隨家人一同來港。[4] 胡春惠也透過訪談記錄了「右派難民」來港的心路歷

3　部分研究包括魯言：〈調景嶺的變遷〉，載於魯言編：《香港掌故》（第 12 集）（香港：廣角鏡出版有限公司，1977 年），頁 129-152；胡春惠：〈香港調景嶺營的出現與其在歷史上意義〉，載於港澳與近代中國學術研討會論文集編輯委員會編：《港澳與近代中國學術研討會論文集》（台北：國史館，2000 年），頁 533-547；劉義章、計超：《孤島扁舟：見證大時代的調景嶺》（香港：三聯書店〔香港〕有限公司，2015 年）；Kenneth On-wai Lan, "Rennie's Mill: The Origin and Evolution of a Special Enclave in Hong Kong," (Ph.D. diss., University of Hong Kong, 2006)；林芝諺：《自由的代價：中華民國與香港調景嶺難民營，1950-1961》（台北：國史館，2011 年）。

4　David Leroy Covin, "Political Culture as an Analytical Instrument: An Examination of Refugees in Hong Kong," (Ph.D. diss., Washington State University, 1970).

程。[5] 至於陳秉安則以報告文學的形式重構內地民眾逃往香港的不同故事，帶出逃港問題與中國內地施政的關係。[6]「難民」群體的身份角色和政治立場的多樣性從這些研究得以呈現，但留港「難民」終究還得面對適應新環境的困難。朱益宜、冼玉儀、劉潤和、王惠玲、梁家麟和邢福增等學者論述「難民」從民間團體尤其是宗教組織和慈善機構獲取的救濟，[7] 啟發讀者思考政府和民間社會的關係。鍾奉慈在另一難民聚居地石硤尾徙置區實地考察「中國難民」的生活情況，發現由於該區「難民」之間較為接近的語言和文化背景，通過個人努力以及學校、宗教場所、志願機構等政府部門和民間團體的協助，「難民」令人滿意地融合至本地社會，例如習慣傳統中醫的他們也開始逐漸

5　胡春惠主訪，李谷城、陳慧麗紀錄整理：《香港調景嶺營的誕生與消失：張寒松等先生訪談錄》（台北：國史館，1997 年）。

6　陳秉安：《大逃港》（廣州：廣東人民出版社，2010 年）。

7　部分研究包括：Cindy Yik-yi Chu, *The Maryknoll Sisters in Hong Kong, 1921-1969: In Love with the Chinese* (New York: Palgrave Macmillan, 2004); Cindy Yik-yi Chu, *The Chinese Sisters of the Precious Blood and the Evolution of the Catholic Church* (Singapore: Palgrave Macmillan, 2016)；王惠玲：〈救濟、保護與募捐：東華的救濟服務〉，載於劉潤和、冼玉儀主編：《益善行道：東華三院 135 周年紀念專題文集》（香港：三聯書店〔香港〕有限公司，2006 年），頁 188-223；梁家麟：《福音與麵包：基督教在五十年代的調景嶺》（香港：建道神學院基督教與中國文化研究中心，2000 年）；邢福增：《願祢的國降臨：戰後香港「基督教新村」的個案研究》（香港：建道神學院，2002 年）。

接受西方醫療服務。[8] 大致上，學者同意「中國難民」最初具有濃厚的「難民心態」，視香港為暫居地；但及後經歷了對本地社會從抗拒疏離到認同融合的過程，以至為香港戰後各方面的發展努力奮鬥。盧瑋鑾、黃紹倫、Graeme Lang 和 Lars Ragvald 等學者便探討了南下「難民」對香港文藝創作、工業建設和宗教傳播等方面的貢獻。[9]「中國難民」對香港態度的轉變當然有眾多原因，而港府政策對這種轉變的影響，以及其決策過程則甚少被深入研究。

學者也開始留意到香港的「中國難民問題」與國際政治的關係。麥志坤的文章以世界歷史的角度研究 1949 年至 1962 年香港因「中國難民」而激發的「人口問題」，從中呈現三個主題，包括國際社會對非歐洲難民危機的回應、美國的冷戰宣傳和移民政策，以及英國和中華人民共和國及「中華民國」的關係。[10] 至於趙綺娜、Glen Peterson、Peter Gatrell 等學者則將某

---

8 Fung-chi Chung, "The Struggle for Social Integration: Chinese Refugee Adjustment to the Urban Setting in Hong Kong," (Ph.D. diss., Brown University, 1983).

9 部分研究包括：盧瑋鑾：《香港文縱：內地作家南來及其文化活動》（香港：華漢，1987 年）；Wong Siu-lun, *Emigrant Entrepreneurs: Shanghai Industrialists in Hong Kong* (Hong Kong: Oxford University Press, 1988); Graeme Lang and Lars Ragvald, *The Rise of a Refugee God: Hong Kong's Wong Tai Sin* (Hong Kong: Oxford University Press, 1993).

10 Chi-kwan Mark, "The 'Problem of People': British Colonials, Cold War Powers, and the Chinese Refugees in Hong Kong, 1949-62," *Modern Asian Studies*, Vol. 41, No. 6 (November 2007), pp. 1145-1181.

一階段的「中國難民危機」以及救濟組織的運作視為冷戰時期國際形勢的重要個案加以探討。[11] 他們的研究都描繪了「難民問題」的政治色彩：除了帶來嚴峻的人道危機，「難民救濟」也牽涉錯綜複雜的政治考量和外交角力。

綜合而言，過去有關居港「中國難民」的研究多針對某一時期、某一地區，或某一類型的「難民」；而「難民」的角色也出現在有關香港歷史、文化、社會等部分的著作中，又或和其他移民被合併為同一群體進行論述。這些研究成果為本書提供了寶貴的參考材料，也凸顯了進一步研究的空間：如能對「中國難民問題」的產生、發展和結束作更完整的論析，將有助於更清晰和全面地展現港府的政策轉變。尤其是，大部分研究最多只論述至 1960 年代中期；縱使「中國難民」在當時確實被融合至本地社會，但不代表問題已經完結。1960 年代後期至1970 年代，也繼續有不少內地民眾非法抵港，他們也是「難

---

11 部分研究包括：趙綺娜：〈冷戰與難民援助：美國「援助中國知識人士協會」，一九五二年至一九五九年〉，《歐美研究》（第 27 卷第 2 期，1997 年 6 月），頁 65-108；Glen Peterson, "To be or not to be a Refugee: The International Politics of the Hong Kong Refugee Crisis, 1949-1955," *Journal of Commonwealth and Imperial History*, Vol. 36, No. 2 (2008), pp. 171-195; Glen Peterson, "Crisis and Opportunity: The Work of Aid Refugee Chinese Intellectuals (ARCI) in Hong Kong and Beyond," in *Hong Kong in the Cold War*, eds. Priscilla Roberts and John M. Carroll (Hong Kong: Hong Kong University Press, 2016), pp. 141-159; Peter Gatrell, *Free World?: The Campaign to Save the World's Refugees, 1956-1963* (Cambridge, UK; New York: Cambridge University Press, 2011).

民」嗎？港府對待新來者和早期「難民」的政策又有何分別？
至於「移民」、「難民」、「偷渡者」、「非法入境者」等概念有
時雖然不易區分，但不應隨便混為一談，這些概念的取捨運用
也反映了港府於不同時期的政策。因此，本書以 1945 年戰後
至 1980 年港府實行「即捕即解」這段時間為研究範圍。該段時
間港府從任由「中國難民」自由進出到嚴格遣返非法入境的內
地民眾，代表港府的「難民政策」有一個從消極救濟到積極融
合的過程，「難民」也從政治和經濟上的負擔變成以香港為家的
居民，推動本土文化的形成以及大都會的建設。本書也重視港
府「難民政策」變與不變的原因，這牽涉到香港的本地和國際
形勢，包括中國大陸和台灣當局、倫敦、民間團體，以及冷戰
期間的外交鬥爭之間的互相影響，從而展示出戰後香港歷史的
複雜性。

研究框架

　　本書第一章介紹「中國難民問題」的背景資料和基本概況，
包括有關難民定義的不同看法和原因，及聯合國《關於難民地
位的公約》內難民定義的重要性及其側重點。該章也簡述戰後
「中國難民」逃港的幾個階段和特點，包括「難民」的數量，
以及本地和國際政治因素如何導致「難民問題」複雜難解。至
於戰後初期的香港管治模式則有助於理解港府早期的「難民政

策」。第二章詳述港府和倫敦因為「難民」逃港的歷史經驗、香港社會狀況、冷戰期間的外交形勢、英國整體利益尤其是與中華人民共和國的關係等因素，而在 1956 年前對「中國難民問題」的立場通常一致，同意盡量令「難民」返回內地、遷移台灣或「第三國」，而非長期救濟以至整合到本地社會，減低他們留在香港的機會。於是，慈善組織、宗教團體、右派機構等代替港府負起救濟重責，包括為「難民」提供應急物品和管理難民營，又或促請港府合作改善「難民」的居住環境。至於 1955 年聯合國發表的調查報告雖未至於為「中國難民」帶來實質援助，但畢竟增加了國際社會對該問題的認識和關注。第三章重點探究 1950 年代中期港府「難民政策」的轉變及其一系列原因。這導致港府和倫敦在「難民問題」的取態上出現分歧：港府尋求更多援助以令「難民」更快融入本地社會；倫敦則繼續消極提供支援，但又積極阻礙國際干預。第三章也論述聯合國不同會議上有關「中國難民問題」的討論和爭辯，以至決議案的最終通過。而隨著 1959 年「世界難民年」的舉行，「中國難民」終於獲得國際社會的實質捐助，倫敦、港府和民間團體等也在運動期間分工合作。第四章論析港府如何透過中英以及粵港的各級聯繫和合作來處理 1962 年的內地民眾「大逃亡」以及「文革」後的大規模偷渡潮。港府先後實行大規模遣返、「抵壘政策」以及「即捕即解」，也從「歡迎」年輕偷渡者以至拒絕所有偷渡者。期間，港府藉著房屋建設、出入境調控、官民

聯繫以及大型活動的舉行等措施進一步令早期的「中國難民」轉化成本地居民,再加上冷戰形勢的變化,「中國難民問題」也逐漸消失。第五章簡單總結「中國難民問題」的歷程和港府政策的轉變,以及這對香港社會服務的增加和本土文化的形成有何作用,並歸納殖民管治如何受到中國、英國、民間社會和冷戰形勢這四大因素的影響。

研究材料

本書以香港政府和英國政府的檔案和出版物為主要研究材料,這包括港督、港府官員、港府不同部門和英國的殖民地部、外交部、外交和聯邦事務部等就「中國難民問題」的通信,以及港府,尤其是處理社會福利和出入境事宜部門的文件、香港政府年報、立法局會議記錄等等,藉此了解港府「難民政策」的產生和轉變,及其背後的複雜考量。另外,聯合國難民署有關香港「中國難民」的報告和文件,亦是本書的重要參考材料,例如 1955 年漢布茹(Edvard Hambro)撰寫的考察報告,有助認識「中國難民」在香港的狀況,以及不同國家、地區的合作和分歧。廣東省寶安縣 1960 年代至 1970 年代的政府檔案則是理解 1962 年及以後數次內地民眾大規模偷渡的重要資料。另外,民間團體的刊物、*South China Morning Post*、《工商日報》、《華僑日報》、《人民日報》、《大公報》等立場相異的資料能反

映香港社會對「難民問題」的不同看法，亦能拼湊出較清晰完整的歷史面貌。筆者也曾訪問 1960 年代逃往香港的深圳村民以比對和考證原始文獻。至於有關「中國難民問題」和香港歷史的論著、紀錄片和互聯網資料對本書的撰寫也起到了不可或缺的作用。

說明

本書主要探討對象為自 1945 年至 1980 年由中國內地因各種原因逃往香港的人群。由於這批人是否符合難民的標準，存在著一定的爭議，且在不同的歷史時期，各個政府對這一人群沒有一個明確的稱謂。為敘述方便，本書會統稱其為「難民」，或「中國難民」，但為了將該類人群與一般意義上的難民區分開，本書會在指稱該類人群時加上引號，以示區分。

1.1 難民的定義

要界定一個人是不是難民頗不容易，因為對於難民的定義有許多不同看法。通常認為，難民是指「一個為了逃避戰爭、迫害、或是自然災害而被迫離開自己的國家的人」，他們多數會「為了逃避危險和迫害而逃往另一個國家或政權」。[1] 根據《大英百科全書》的描述，難民是指「一無所有、無家可歸的非自願移民，他們被迫離開本國，而且得不到原籍國政府的保護」。《大英百科全書》中提到的一個例子，是 1949 年後大量「難民」逃往台灣和香港。[2] 而按照法學家的意見，難民是「因為戰爭，或一國內部暫時的秩序紊亂，為了逃避死亡迫害或虐待，不得已而捨棄其本國在外國尋求庇護的人」。[3] 由於失去國家或原居地政府的保護，難民時常流離失所，境況悽慘。綜合上述說法，難民是由於人為迫害而被迫離開原籍國或原居地的

---

[1] Angus Stevenson, ed., "Refugee," *https://www-oxfordreference-com.ezproxy.lb.polyu.edu.hk/view/10.1093/acref/9780199571123.001.0001/m_en_gb0696940?rskey=7rQ3PK&result=3* (Oxford Reference Online), 9 November 2019; "Definition of Refugee," *http://www.m-w.com/dictionary/refugee* (Merriam-Webster Online Dictionary), 5 March 2007.

[2] "Refugee," *http://www.britannica.com/topic/refugee* (Encyclopædia Britannica Online), 3 November 2019.

[3] 胡鴻烈：〈香港難民與聯合國〉，載於胡鴻烈、鍾期榮：《人權與國籍》（香港：圓桌文化，2010 年），頁 106。

人。這些迫害主要包括戰亂、宗教和種族排斥、政治打壓、經濟崩潰等等，這應該也是涵蓋較廣的難民定義。至於純因自然災害而逃亡的則應被視作「災民」。

實際上，不同組織、國家、地區、時代對何謂難民有不同界定，反映不同的歷史文化背景和政治社會考慮。早於 1920 年代初，國際社會即開始舉行活動和會議以表達對難民問題的關注。因缺少有關難民問題的國際性法律文件，各國建議設立國際機構和鼓勵國際合作，並且在法律層面上界定、保護和援助難民。1933 年公佈的《關於難民國際地位的公約》（*The Convention Relating to the International Status of Refugees of 28 October 1933*）提出廣泛的難民救濟原則，並且令難民獲得了法律上之正式保障，這包括締約國非因國防安全及公共秩序之理由，不得將經常居留其境的難民驅逐，而難民也享有和締約國國民相同的司法求助待遇等。更有意義的是，該公約成為日後聯合國擬定難民定義的重要參考。[4]

第二次世界大戰造成了嚴重的難民危機，聯合國在 1946 年成立「國際難民組織」（International Refugee Organization），其後為更有效應對世界難民問題，尤其是「幫助受大戰影響的歐洲流離失所人士」，聯合國大會通過《1950 年 12 月 14 日第

---

[4] Louise W. Holborn, *Refugees: A Problem of Our Time: The Work of the United Nations High Commissioner for Refugees, 1951-1972* (New Jersey: Scarecrow Press, 1975), pp. 158-160；胡鴻烈：〈香港難民與聯合國〉，頁 116-117。

428(V) 號決議案》，決定組建聯合國難民事務高級專員署（The Office of the United Nation High Commissioner for Refugees，以下簡稱難民署），並於 1951 年 1 月 1 日正式成立。難民署最初計劃只運作三年，但直到現在該署仍一直為處理難民問題而努力。[5] 難民署剛成立時，其中一項重要工作是草擬適當的難民定義，為難民救濟提供指引，並且爭取世界關注。到 1951 年 7 月 28 日，聯合國特別會議通過了《關於難民地位的公約》（The 1951 Convention Relating to the Status of Refugees，以下簡稱《公約》），當中訂明難民是指一個人「現居住在原籍國或慣常居住國以外的地方；因種族、宗教、國籍或政見，有確鑿理由害怕遭到迫害；不能，或者因為懼怕迫害而不願接受原籍國的保護，或返回慣常居住國」。[6]

5　〈聯合國難民署的歷史〉，*https://www.unhcr.org/hk/about-us/history*（聯合國難民署網站），2019 年 11 月 7 日；蓋伊・古德溫—吉爾（Guy S. Goodwin-Gill）：〈《關於難民地位的公約》及其議定書〉，*http://legal.un.org/avl/pdf/ha/prsr/prsr_c.pdf*（United Nations Audiovisual Library of International Law），2015 年 7 月 16 日，頁 1。

6　〈蓋伊・古德溫—吉爾：〈《關於難民地位的公約》及其議定書〉，頁 2；漢布茹（Edvard Hambro）著，中國大陸災胞救濟總會節譯：《香港中國難民問題》（台北：中國大陸災胞救濟總會，1958 年），頁 5；〈關於難民地位的公約〉，*https://www.un.org/chinese/hr/issue/docs/82.PDF*（聯合國網站），2019 年 9 月 21 日。該定義的英文原文為："Any (other) person who is outside the country of his nationality, or if he has no nationality, the country of his former habitual residence, because he has or had well-founded fear of persecution by reason of his race, religion, nationality or political opinion and is unable or, because of such fear,

《公約》在 1954 年生效，令「普遍性的難民定義得以產生」，甚至被譽為全球難民問題的一大突破，有助於難民的廣泛權益受到重視和得到更適當援助，以至國際組織能按照該定義對難民提供更直接和正式的救濟。[7] 不過，《公約》中的定義是針對第二次世界大戰後歐洲的政治難民潮而制定的，比較突出「政治迫害」的逃亡原因，令符合難民資格和獲得援助者也以歐洲逃離共產主義國家的難民為主。而且，《公約》只適用於 1951 年 1 月 1 日前的難民。[8] 事實上該定義存在不少缺陷，如明顯忽略戰亂和饑荒等逃難原因以及歐洲以外的逃難者。因此，《公約》定義較著重於第二次世界大戰後和冷戰初期政治和意識形態鬥爭下產生的難民問題。從人道主義立場考量，難民署理應擴大其救助範圍。《公約》也強調，如欲取得難民身份，必須證明可能被迫害而不能或不願接受原籍國的保護或返回慣常居

（接上頁）

is unwilling to avail himself of the protection of the government of the country of his nationality, or, if he has no nationality, to return to the country of his former habitual residence." 見 Edvard Hambro, *The Problem of Chinese Refugees in Hong Kong: Report Submitted to the United Nations High Commission for Refugees* (Leyden: Sijthoff, 1955), p. 4; "Convention and Protocol Relating to the Status of Refugees," *https://www.unhcr.org/protect/PROTECTION/3b66c2aa10.pdf* (Website of United Nations High Commissioner for Refugees), 21 September 2019.

7　Holborn, *Refugees: A Problem of Our Time*, pp. 158-160.
8　蓋伊・古德溫—吉爾：〈《關於難民地位的公約》及其議定書〉，頁 2。

住國。但問題在於，《公約》並沒清楚說明「迫害」這一概念，[9] 逃亡者有時也難以為自己「害怕遭到迫害」提供確鑿的理由。

因應國際形勢的轉變和救濟的需要，《公約》的定義也隨之作出修訂。1967 年，聯合國頒佈《關於難民地位的議定書》（*The 1967 Protocol Relating to the Status of Refugees*），廢除了原有定義中難民需「現居住在原籍國或慣常居住國以外的地方」的規定，以及取消了適用期限，[10] 令更多難民可以獲得援助。部分國家或地區也修訂了《公約》的定義，以適應當地的情況。1969 年，非洲便根據本身的社會狀況，在《非統組織／非盟關於非洲難民問題特定方面的公約》（*OAU Convention Governing the Specific Aspects of Refugee Problems in Africa*）中將難民的定義擴展至「因原居地或原籍國的部分或全部領域發生外來侵略、佔領、外國統治或嚴重擾亂公共秩序的事件，被迫離開慣常居住地，在原居地或原籍國以外的地方尋求庇護的人」。[11] 顯而易見，非洲的定義補充了戰亂這個引發難民潮的原因。一直以

---

9 蓋伊・古德溫—吉爾：〈《關於難民地位的公約》及其議定書〉，頁 2。

10 "Covention and Protocol Relating to the Status of Refugees."

11 蓋伊・古德溫—吉爾：〈《關於難民地位的公約》及其議定書〉，頁 6；"OAU Convention Governing the Specific Aspects of Refugee Problems in Africa, adopted by the Assembly of Heads of State and Government at its Sixth Ordinary Session, Addis-Ababa, 10 September 1969," *https://www.unhcr.org/about-us/background/45dc1a682/oau-convention-governing-specific-aspects-refugee-problems-africa-adopted.html?query=OAU* (Website of United Nations High Commissioner for Refugees), 15 Septemper 2019。

來，戰爭造成的社會動亂和生靈塗炭不斷導致大小規模的人口流徙。因此，較完整及合理的難民界定和救濟考慮應該涵括「因戰亂而逃難的人」。

縱使存在限制和不足，《公約》的定義依然受到國際重視和認可。除非某類人符合《公約》的定義，否則他們不被聯合國認定具難民資格，也代表可能無法獲得難民署的援助。以本書探討的「中國難民問題」為例，《公約》的定義和相關的討論是當中的重要議題，對難民的界定時常涉及政府之間的利益衝突和政治鬥爭。各國對南下香港的內地民眾是否具備聯合國難民署所承認的難民身份意見紛陳。出於冷戰時期反共產主義的需要，美國和「中華民國」強調「中國難民」為逃避內地共產主義政權而離鄉背井抵達香港，呼籲難民署和國際社會對他們施以援手。台灣方面稱呼他們為「難胞」、「義胞」，是「冒著生命危險投奔自由世界的義士」。中華人民共和國、蘇聯等共產主義國家則認為他們並非難民，只是「外逃者」或普通移民，否認香港存在所謂「中國難民問題」。其後聯合國曾派員到香港調查，但各會員國仍就居港內地民眾的身份爭辯不休。

香港政府對難民沒有明確清晰的定義，但其對難民的彈性界定和運用反映出港府「難民政策」的轉變。1950年代初期，對於內地逃亡來港人士，港府常稱他們為「難民」，有時也會將他們和部分香港人並稱為貧民、災民、木屋居民等。其後為了獲取國際援助，港府強調香港存在大量的「中國難民」，認為他

們符合聯合國難民署的救濟資格。而到 1950 年代中後期，港府改變「難民政策」，計劃把「難民」整合到本地社會，因而減少使用「難民」這一字眼，又強調難以區分「難民」和其他居民，開始統稱他們為「居民」、「市民」。從 1960 年代中期到 1970年代後期，「非法入境者」和「偷渡者」等詞語的使用頻率遠比「難民」高，「中國難民問題」也很少在官方言辭和論述中出現。1970 年代中後期，香港的難民通常指稱逃往香港的部分越南民眾。由此可見，港府根據管治和發展的需要去決定哪些人「是」或「不是」難民，以至藉字眼的運用改變「難民」的身份認同。

1.2 粵港出入境歷史及戰後「中國難民問題」的形成

香港一直是一座移民城市，外來者塑造了香港的特色和社會風貌。如呂大樂所言，「移民」的存在對香港人來說不是個陌生概念。[12] 其中，許多移民又是來自內地的「難民」。自從 1842年英國正式殖民管治香港，由於兩地分屬不同政權管轄，香港一直是內地民眾的「避難所」。當內地出現天災人禍時，民眾常逃到香港暫避或定居。這與兩地出入境不設管制有關。基於社

---

12 呂大樂：《唔該，埋單───一個社會學家的香港筆記》（香港：牛津大學出版社，2007 年），頁 23。

會和經濟交往的需要，作為《南京條約》的補充，1843 年的《虎門條約》規定，所有華籍居民可自由進出香港以從事貿易或採購。而 1898 年中國被迫把後來稱作新界的地區租借予英國而簽訂的《展拓香港界址專條》當中也列明，「至九龍向通新安陸路，中國官民照常行走」，[13] 意指內地和香港的華人仍可經陸路不受限制地往返兩地。因此，太平天國運動發生後，大批內地民眾逃難至香港，又或由香港轉往海外。其後辛亥革命和中日戰爭的爆發，也都令香港出現難民入境潮。[14] 以出入境的角度看，香港並非被英國管治的殖民地，它只是中國南部的一個城市。

冼玉儀指出，1949 年以前，華人可隨意進出香港，兩地邊界是「不存在」的邊界。[15] 除非中國內地發生瘟疫，否則香港殖民政府不會限制華人出入境。直到 1937 年日本全面侵華，大

---

13 G. B. Endacott and A. Hinton, *Fragrant Harbour: A Short History of Hong Kong* (Hong Kong: Oxford University Press, 1962), p. 33, 95；中國第一歷史檔案館編：《香港歷史問題檔案圖錄》（香港：三聯書店〔香港〕有限公司，1996 年），頁 138-139；劉蜀永主編：《簡明香港史》（香港：三聯書店〔香港〕有限公司，1998 年），頁 74；〈駱克先生香港殖民地展拓界址報告書〉，載於劉智鵬主編：《展拓界址：英治新界早期歷史探索》（香港：中華書局〔香港〕有限公司，2010 年），頁 211。

14 G. B. Endacott, *A History of Hong Kong* (Hong Kong: Oxford University Press, 1973), p. 85, 116; John M. Carroll, *A Concise History of Hong Kong* (Lanham: Rowman & Littlefield, 2007), p. 56, 83.

15 冼玉儀：〈六十年代——歷史概覽〉，載於田邁修（Matthew Turner）、顏淑芬（Irene Ngan）編：《香港六十年代：身份、文化認同與設計》（香港：香港藝術中心，1995 年），頁 80。

批難民湧入香港，港府規定內地民眾須攜有現金 20 元才能經海路入境，但陸路通道仍然不受限制。到日本統治香港的三年零八個月，由於廣東和香港先後被日本佔領，日軍嚴密監控兩地邊境，阻止華人尤其是居港內地名人出入境。[16] 1946 年國共內戰爆發至中共建政初期，又有大批「難民」抵達香港。正如黃紹倫所指，這些人逃往香港主要是因為「容易入境」。[17] 尤其對平民百姓來說，通過羅湖入境可謂輕而易舉。即使到了 1950 年代初兩地開始實施出入境管制，內地民眾仍可循海路和陸路非法抵港。[18] 兩地邊境狹長的河流和低矮的山群有利於游泳或攀山等偷渡方法；潮退時利用渡河工具，內地偷渡者甚至「不用怎麼游水便可經后海灣到達新界的米埔」。[19] 即使兩地政府架設鐵絲網、安裝照射燈、利用軍犬搜捕和加強巡邏，邊境的地理形勢卻減弱了出入境管制和邊境防控的成效。港府官員亦承認：「考慮到本殖民地的陸地邊界，再加上用小船進出本殖民地的水域是非常容易的事，要控制華人入境是非常困難的，並且

---

16 魯言：〈香港和中國的邊界交通史〉，載於魯言編：《香港掌故》（第 3 集）（香港：廣角鏡出版有限公司，1981 年），頁 24-25；魯言：〈中港邊界兩次勘界史話〉，載於魯言編：《香港掌故》（第 5 集）（香港：廣角鏡出版有限公司，1982 年），頁92；劉蜀永主編：《簡明香港史》，頁 212。

17 Wong, *Emigrant Entrepreneurs*, pp. 20-21.

18 胡春惠主訪，李谷城、陳慧麗紀錄整理：《香港調景嶺營的誕生與消失》，頁 66，175，199-200。

19 廣東省深圳市福田區下沙村村民黃先生口述（2011 年 7 月 2 日）。

圖 01-001：1950 年代中期的邊境，遠處為深圳。（圖片由高添強先生提供）

只能局部實行。」[20]

　　大致上，內地民眾非法進入香港主要有四條路線。第一，他們可爬越深圳的梧桐山到達沙頭角。第二，攀過深圳河的鐵絲網進入上水和粉嶺一帶。第三，游泳或乘船經大鵬灣進入新界東部。第四條路線是游泳或乘船經后海灣進入元朗的米埔或流浮山。[21] 也有內地民眾會先到澳門，再乘船偷渡入境。非法入境當然有風險，尤其是游泳偷渡者雖利用各種物件輔助，淹死者仍不計其數。天氣狀況也會影響偷渡方法，例如春天和秋天較多人選擇乘船，游泳偷渡者則多在夏天「下水」。[22] 另外，英國殖民管治香港後，中國內地與香港依然一直存在頻繁的跨境耕作、養蠔、捕魚等漁農業活動，成為非法進入香港的捷徑。廣東省寶安縣和香港只是一河之隔，民間交往一直極為密切，寶安縣農民的部分田地位於香港新界地區，因此寶安縣政府會簽發特別的證件讓他們經由邊境的「特殊通道」前往香港耕作，

---

20 Hong Kong Government, *Hong Kong Hansard, Reports of the Meetings of the Legislative Council of Hong Kong, Session 1949* (Hong Kong: Government Printer, 1950), p. 233.

21 南兆旭：《解密深圳檔案》（深圳：海天出版社，2010 年），頁 105。

22 "Hong Kong's Population – Effects of Legal and Illegal Immigration," (2 January 1973), *HKRS908-1-61: Illegal Immigration - Effects of Legal and Illegal Immigration*；《華僑日報》（1974 年 5 月 15 日）。

規定日落即回，但部分農民則乘機逃亡。[23] 華南地區的一些漁民則以捕魚為名，乘船非法進入香港水域，一去不返。[24]

香港擁有的優勢也吸引內地民眾逃難至此。晚清以來內地社會的混亂接連不止，1949 年後一系列的經濟、社會和文化改革運動給社會帶來了一定的負面影響，香港因被英國殖民管治而較少受到直接波及，從而有了較為穩定的政治和社會環境，以及更好的經濟發展。兩地的差距日漸明顯，香港成為許多內地民眾夢寐以求的「資本主義天堂」。[25] 相比香港，其他地區或國家更嚴格地限制中國內地民眾的入境。例如在 1940 年代末，很少有東南亞國家歡迎中國內地的入境者，就算是上海企業家也只能前往台灣或香港。[26] 當然內地「難民」也較傾向前往香港，畢竟當時的香港既不受北京管治，華人又佔大多數，「難民」居港既能避禍，又較易適應。[27]

中國內地出現的各種動盪和危機始終是民眾不斷逃往香港

23 周肇仁：《寶安邊境鬥爭紀事》（深圳：深圳市寶安區檔案局〔館〕，深圳市寶安區史志辦公室，2006 年），頁 69；萱子：〈風雨百年邊防證〉，《寶安史志》（2010 年第 1 期；總第 32 期），頁 48-49。

24 陳柱榮口述，唐冬晨、申晨撰：〈改革開放就是要老百姓都富裕起來〉，《寶安史志》（2010 年第 2 期；總第 33 期），頁 19。

25 香港無線電視：〈大逃港（下）〉，《星期日檔案》（2012 年 11 月 18 日）。

26 李培德：〈略論 1940 年代寓居香港的上海人〉，載於梁元生、王宏志編：《雙龍吐艷：滬港之文化交流與互動》（香港：滬港發展聯合研究所、香港亞太研究所，2005 年），頁 67。

27 Wong, *Emigrant Entrepreneurs*, pp. 20-21, 39.

的主因，這可分作三個階段。第一階段為 1945 年至 1949 年。由於國共鬥爭進一步演變成內戰，上至達官貴人、下至平民百姓都為逃避戰火而南下。第二階段為 1949 年前後，中共取得內戰勝利，並且在 1949 年 10 月 1 日建立新政權。國民黨高官、將領和支持者，及一些抗拒新中國的企業家、知識分子、平民，以至不容於共產主義政權的西方傳教士等，紛紛逃往香港，而「右派難民」的最終目的地多是台灣。第三階段則是從 1951 年到 1980 年。一連串的社會主義建設運動引致大量民眾千方百計逃亡，內地當局稱之為「外逃」或「偷渡」事件。其中，「集體化運動」、「三年困難時期」、「上山下鄉」等事件分別令 1950 年代中、1962 年和 1970 年代初出現較大規模的「外逃」。而從 1977 年至 1980 年，內地政府開始推行「改革開放」新政策，因當時成效未知，內地民眾又再成群結隊地偷渡去香港。直到 1980 年香港實行「即捕即解」，非法入境者必然被遣返內地，加上內地民眾生活改善，偷渡數目才大幅減少。

第二次世界大戰後香港出現入境潮，1945 年 8 月人口約為 50 萬至 60 萬人，到同年 12 月已飆升至 160 萬人，這主要由於日佔時期離開的華人重返香港。隨著重返潮的完結，加上內地政局稍為穩定，南下香港者便有所減少。但到國共內戰後期的 1948 年至 1950 年，國民政府節節敗退並撤離到台灣，以及中共建立新政權，大批企業家、知識分子、國民黨官兵和老

百姓為逃避戰火及共產黨的統治而抵港，[28] 為香港帶來政治、社會、經濟、文化的影響，形成所謂的「中國難民問題」。雖然部分「難民」後來重返內地或移居台灣及其他地區、國家，但根據聯合國難民署的統計，1954 年 6 月時香港仍有 38 萬 5 千名「難民」；如把他們的配偶及子女計算在內，總數達到 66 萬 7 千人。[29] 其後中國內地的「土地改革」、「大躍進」等運動令內地民眾持續南逃，[30] 港府指 1956 年「難民」已佔 250 萬人口的三分之一，即 80 多萬人；而到 1959 年更已達到 100 萬人。[31] 必須強調的是，關於「中國難民」的實際人數也許並不精確，甚至連港府的不同檔案所記載的同一階段「難民」數目也常有

---

28 Hong Kong Government, *Hong Kong Statistics, 1947-1967* (Hong Kong: Census & Statistics Department, 1969), p. 14; Hong Kong Government, *Annual Report on Hong Kong for the Year, 1948* (Hong Kong: Government Printer, 1949), p. 6; Holborn, *Refugees: A Problem of Our Time*, p. 661; David Podmore, "Population of Hong Kong," in *Hong Kong: The Industrial Colony: A Political, Social and Economic Survey*, ed. Keith Hopkins (Hong Kong: Oxford University Press, 1971), pp. 24-25.

29 Hambro, *The Problem of Chinese Refugees in Hong Kong*, pp. 26-28.

30 李若建：〈中國大陸遷入香港的人口研究〉，*http://www.usc.cuhk.edu.hk/wkgb.asp*（香港中文大學中國研究服務中心中國研究論文庫），2009 年 8 月 10 日。

31 Hong Kong Legislative Council, "Hong Kong Hansard: Reports of the Sittings of the Legislative Council of Hong Kong, 27 February 1957," *http://www.legco.gov.hk/ 1957/ h570227.pdf* (Online Records of the Legislature), 6 May 2006; "Amery to Mitchison," (24 April 1959), *CO1030/781: Refugees from China in Hong Kong (1957-1959)*, p. 74; "Resettlement and Rehabilitation in Hong Kong," *HKRS365-1-24: Integrating Hong Kong's One Million Refugees, 1957-59*, p. 3.

出入，這主要是由於香港不曾也難以對所有「中國難民」進行登記統計。但無論如何，上述數據證明大量「中國難民」不斷湧到香港，其後 1962 年和 1970 年代末也再次出現偷渡潮。

戰後南下香港的「中國難民」包括商人、國民黨官兵、知識分子、工人、農民，乃至傳教士等。與其指他們為香港製造了新的困難，不如說不同身份的「難民」令財政負擔加重、治安不靖，也使政治對抗等問題惡化，對港府和民間社會的應對是一種考驗。不過，「難民」也為香港帶來資金、技術、人才、知識和風俗習慣，「難民」中的西方傳教士更為其他「難民」和有需要人士提供了各種支援。誠如王賡武所言，安置大量的新移民令香港產生結構變化；[32]「難民問題」雖帶來了巨大挑戰，但也有助於社會的建設和革新，例如「難民」到來加劇的房屋短缺問題便迫使港府不得不加快處理。

二戰後中國內地局勢的持續混亂為香港的工業發展帶來機遇：許多內地企業家把他們的工廠搬到香港，成為戰後香港經濟發展的重要力量。從 1946 年開始，華東的紗廠和紡織廠企業陸續抵港。1947 年 10 月，228 名上海實業家抵港，他們被稱為「難民企業家」。而在 1947 年至 1949 年間，香港的工廠

---

32 王賡武：〈序〉，載於王賡武主編：《香港史新編》（上冊）（香港：三聯書店〔香港〕有限公司，1997 年），頁 1。

從救濟到融合

圖 01-002：1950 年中國內地與香港邊境實行管制前，沿九廣鐵路抵港的內地民眾。(圖片由高添強先生提供)

數目由 998 間增加至 1,600 間。[33] 同時，大批管理和技術人員也隨之抵港。他們之中許多人擁有豐富的營商知識和經驗，他們的能力對 1950 年代香港工業經濟的迅速騰飛至關重要。「難民」中也有一些知識分子和專業人士，如著名作家張愛玲。1949 年後，超過 1 萬名中國內地的教育工作者、科學家和技術人員到香港避難。[34] 根據香港的美國大學俱樂部（American University Club of Hong Kong）在 1951 年的調查，至少 5 萬名「中國難民」乃科學家、工程師、醫生和教師。當中 3,000 人來自教會學校，部分人曾在美國求學。[35] 美國積極為「難民」中的知識分子提供援助，1952 年向美國的「援助中國知識人士協會」（Aid Refugee Chinese Intellectuals）求助的「難民」包括四類知識分子，當中 15% 從事教育工作，4% 為技術人員，36% 為文職人員，1% 為醫護人員，至於其他 44% 則為軍事或警衛人員。[36] 部分「難民」知識分子未必有強烈的政治取態，[37] 他們只是認為香港較為自由的環境有利於他們表達意見。

33　鄧開頌、陸曉敏主編：《粵港關係史，1840-1984》（香港：麒麟書業有限公司，1997 年），頁 226。

34　Mark, "The 'Problem of People'," p. 1155.

35　趙綺娜：〈冷戰與難民援助〉，頁 68-69。

36　High Commissioner's Advisory Committee on Refugees, *Report by the High Commissioner Concerning the Question of Chinese Refugees in Hong Kong* (New York: United Nations, 1953), p. 3.

37　Covin, "Political Culture as an Analytical Instrument," pp. v-vi.

1948 年國民黨在內戰後期形勢急轉直下，導致首次有小部分國民黨士兵為逃往香港而抵達粵港邊境，不足一年抵港的國民黨官兵已達數千人。尤其是在國共內戰結束後，不少國民黨支持者跟隨領導人蔣介石前往台灣，而部分則到達香港。他們或是露宿街頭，或是獲收容在慈善機構和難民營，期待稍後再轉往台灣。在聚集大批國民黨支持者的調景嶺難民營，較多「難民」來自廣東、湖南、福建，另有接近 100 名「難民」來自青海和新疆。[38] 到 1953 年，調景嶺營共安置大約 1 萬人。[39] 也有右派人士暫居於香港的其他地方，由於他們的反共意識強烈，因而被當作「政治難民」，港府視他們為潛在的政治和社會威脅。「難民」中也有傷殘的國民黨士兵，他們抵港後多數到處流浪，後獲慈善團體接濟。[40] 到 1950 年代中期，大部分傷殘「難民」已移居台灣。當然，1947 年以後，逃往香港的內地民眾更多為平民，尤以農民和漁民為甚。按照廣義的「難民」定義，他們都屬於「難民」。他們來自不同的省、市、自治區，由於戰亂及中國內地的政權變更而選擇離開。他們選擇前往香港，大多是為了改善生活水平，而不一定對共產主義政權有強烈不

---

38 胡春惠：〈香港調景嶺營的出現與其在歷史上意義〉，頁 536。

39 High Commissioner's Advisory Committee on Refugees, *Report by the High Commissioner Concerning the Question of Chinese Refugees in Hong Kong*, p. 2.

40 胡春惠主訪，李谷城、陳慧麗紀錄整理：《香港調景嶺營的誕生與消失》，頁 12-13。

滿，[41] 所以他們有時也被稱作「經濟難民」，也有人認為他們只是為了追求較好的生活而前往香港的「普通移民」。

香港政府對待「中國難民」的態度和措施，因應「難民」的身份和背景而有所不同。港府最關注「難民」中的前國民黨官員和將領，擔心他們在港組織反共活動，危害香港的穩定及內地與香港以至中英關係。因此，港府視「右派難民」聚居地調景嶺為政治負擔，猜忌國民黨會利用在港的「中國難民」發動政治事件，甚至為可能的「反攻大陸」戰爭作準備。[42] 對於「難民」中的企業家和知識分子，港府認為他們能對香港本地工業、文化、科學的發展有所貢獻，但會監視部分曾批評港府或是與國民黨有聯繫的「難民」知識分子。而對於大部分需要救濟的「難民」，港府在 1950 年代初期頗為被動消極，將救濟工作交予民間團體，盡量置身事外。

港島、九龍和新界各地幾乎都有「中國難民」的足跡。其中，北角、灣仔、西環摩星嶺、跑馬地大坑道、筲箕灣、柴灣小漁村、鯉魚門、鑽石山、黃大仙、石硤尾、長沙灣等為主要的「難民」聚居地。[43]「難民」湧入對香港最直接的衝擊應該是

41　Covin, "Political Culture as an Analytical Instrument," pp. v-vi.

42　Mark, "The 'Problem of People'," p. 1179.

43　胡春惠主訪，李谷城、陳慧麗紀錄整理：《香港調景嶺營的誕生與消失》，頁 11-12；Hambro, *The Problem of Chinese Refugees in Hong Kong*, p. 124；胡春惠：〈香港調景嶺營的出現與其在歷史上意義〉，頁 536。

住屋問題。「難民」失去了在內地的家園，他們在香港的居住環境可能更惡劣。戰後香港物價急速上升，失業情況嚴重，而且治安也不穩定。由於戰火損害了房屋結構，估計 70% 的歐洲式建築和 20% 的中國式唐樓已不適合居住。[44] 再加上香港本來就是房屋短缺，來自全國各地，尤其華中和華北的貧困「難民」惟有自行在香港各處搭建簡陋狹小的木屋和天台房屋。[45] 5 人或 6 人一起住在只有 40 平方英尺的房間，實乃司空見慣，根本沒有多餘的活動空間。1953 年，木屋居民超過 30 萬人，又以「中國難民」為主。[46] 所謂的木屋或天台屋只是由鐵皮、鋁、木頭甚至紙皮等材料臨時搭建而成，不但經不起風吹雨打，更因為缺乏防火設備，致令木屋大火屢見不鮮，「難民」的容身之所隨時變為奪命之地。人口激增亦令醫療設施不足的問題更加嚴重，[47] 最令政府擔心的是，「難民」居住環境的擁擠可能引致傳染病的大規模爆發。1950 年代香港傳染病流行，密集式建築及

44 Hong Kong Legislative Council, "Hong Kong Hansard: Reports of the Sittings of the Legislative Council of Hong Kong, 18 December 1957," *http://www.legco.gov.hk/1957/h571218.pdf* (Online Records of the Legislature), 9 May 2006；劉蜀永主編：《簡明香港史》，頁 236；鄭宏泰、黃紹倫：《香港身份證透視》（香港：三聯書店〔香港〕有限公司，2004 年），頁 47。

45 Hambro, *The Problem of Chinese Refugees in Hong Kong*, p. 116.

46 Hong Kong Government, *A Problem of People* (Hong Kong: Government Printer, 1960), p. 13, 18.

47 Hong Kong Government, *A Problem of People*, p. 37.

圖 01-003：1950 年代大坑山上由木和鐵皮等搭建而成的房屋，又名寮屋。（圖片由高添強先生提供）

衛生環境惡劣的木屋區容易成為病毒的溫床。事實上，肺結核已成為木屋區的常見疾病。[48] 至於賭博、賣淫、販毒等問題也在木屋區不斷滋生。[49] 由此可見，住屋問題不但影響「難民」的性命安全，亦危害社會的發展。

1950 年代初期，香港經濟本來逐漸從二戰的傷害中復原，卻由於韓戰爆發，美國對中華人民共和國實施貿易禁運而遭受波及，轉口貿易大受打擊。無論「難民」抑或其他居民普遍遭遇就業困難的境況。1950 年 6 月便有 400 名「中國難民」向港府要求在遠離市區的大嶼山墾荒。勞工處在 1952 年至 1953 年的報告中指稱，「香港大量『難民』的存在，尤以彼等多從未獲得固定之職業」。[50] 再如向美國「援助中國知識人士協會」登記的 1 萬 5 千名「難民」知識分子中，竟有 85% 失業或收入僅能餬口。[51] 教育方面，1954 年教育司高詩雅（Douglas Crozier）承認，「大量『難民』繼續留港，並融入本地社區，勢將大幅增加教育等方面的需求」。[52] 許多「難民」失業，或是無法找到全職工作，令超

---

48 "Copy: Hong Kong," *CO1030/384: Problems of Chinese Refugees in Hong Kong (1954-1956)*, p. 104；羅婉嫻：《香港西醫發展史，1842-1990》（香港：中華書局〔香港〕有限公司，2018 年），頁 272-273。

49 Hong Kong Government, *A Problem of People*, p. 13.

50 Hambro, *The Problem of Chinese Refugees in Hong Kong*, p. 93.

51 "Background Information," (12 April 1954), *CO1030/381: Problem of Chinese Refugees in Hong Kong (1954)*, p. 101.

52 邢福增：《基督教史研究導論》（香港：建道神學院，2004 年），頁 153。

過一半的「難民」面對所謂「社會地位下降」的困境,其中知識分子、退役軍人,以及退休官員的情況最為嚴重。[53] 不少「難民」也遭遇「雙重身份的失落」:他們不但失去了原有的社會地位,而且心理上也失去信心。[54]「難民」來自五湖四海,有不同的方言和文化背景,部分人在香港社會出現適應和融合的困難。例如一些居於調景嶺的前國民黨將領為了維生而不得不學習刺繡。這種社會地位下降的感覺可能引發「難民」的不滿,成為社會隱患。

1.3 「中國難民問題」的複雜性

戰後香港的「中國難民問題」帶有強烈的政治意味,成為冷戰期間資本主義和社會主義陣營爭拗的議題。即使北京承認有部分民眾逃往香港,後來又稱之為「外逃」事件,但從不把他們視作難民,否則等於向外界確認中華人民共和國存在政治迫害或管治失當,令民眾無法忍受,那將損害社會主義政權的正當性。因此,北京通常稱他們為偷渡者、外逃者、普通移民,認為不少人只是前往香港工作、探親、學習、定居,是進

---

53 Hambro, *The Problem of Chinese Refugees in Hong Kong*, pp. 45-47.

54 呂大樂:《唔該,埋單》,頁 23-25。

行正常的交流，而且經常強調歡迎他們返回內地。北京拒絕承認香港存在「中國難民問題」，也要求聯合國和各國停止所謂「中國難民援助」，宣稱那只是顛覆共產主義政權的陰謀。而因為許多國民黨支持者接受香港政府和民間團體的救助，北京時常抨擊英國和「美帝國主義」及其他資本主義國家合作，容許反共力量藉慈善救濟達到政治目的。麥志坤則認為，北京其實十分清楚部分內地民眾是由於害怕共產主義政權而選擇離開，所以其否定「中國難民問題」的理據頗為單調薄弱。[55]

但北京對「難民救濟」的指責也不是毫無道理，「中國難民問題」確實成為冷戰時期國民黨政府的其中一個政治宣傳工具。[56]國民黨在國共內戰後遷到台灣，最高領導人蔣介石依然渴望「反攻大陸」，重奪政權，因此積極重整軍備和尋求美國的援助，並且強調其政權的正統性和合法性。由於大量民眾從社會主義制度下的中國內地逃難至資本主義制度下的香港，國民黨視「難民問題」為一個絕佳的反共題材，故藉此大肆抨擊社會主義制度，宣傳中共統治下的中國大陸變成「人間煉獄」，又藉媒體廣泛報導和謳歌「中國難民」是爭取自由的「反共義士」，用以離

---

55 Mark, "The 'Problem of People'," p. 1154.

56 "Hong Kong Governor to Secretary of States for the Colonies," (6 June 1961), *CO1030/1321: Rennie's Mill Refugee Camp in Hong Kong (1961-1963)*, pp. 35-42.

間內地民眾和中共。[57] 基於自身地方和資源都有限，台灣方面也尋求聯合國和歐美資本主義國家對「難民」的援助。

美國同樣利用「難民問題」獲取政治利益。1950 年代，美國支持國民黨政權，並努力壓制共產主義的影響力，因此和「中華民國」合作救濟逃離中國大陸的「難民」。美國的目的還包括人道主義關懷、利用「難民」收集情報，以及吸納「難民」中的人才。不過，美國認為英國應對香港的「難民救濟」負上最大責任，[58] 因此其援助不如台灣方面積極。事實上，美國在戰後初期救濟的對象主要是逃離東歐共產主義國家的難民。直到 1954 年，艾森豪威爾（Dwight Eisenhower）政府認為對亞洲「難民」，尤其是知識分子的協助是一個有力的反共工具，因此成立了美國遠東難民計劃（Far East Refugee Program），為「中國難民」提供救濟，以至幫助他們移居美國和台灣地區，其後又關注「難民」的居住、醫療和職業訓練。[59] Edward Szczepanik 也認為，美國和台灣當局進行「難民援助」的首要目的，是鼓勵「難

---

57 這方面的部分著作包括：吳建平主編：《調景嶺義民反共奮鬥史實》（台北：寰聲文化出版社，1958 年）；蘇錫文：《中共喪鐘響了：大陸饑胞集體逃亡實錄》（香港：中外文化事業有限公司，1962 年）；中國大陸災胞救濟總會編：《五月逃亡潮救濟專輯》（台北：中國大陸災胞救濟總會，1963 年）；中國大陸災胞救濟總會編：《浮屍‧逃亡‧人權》（台北：中國大陸災胞救濟總會，1978 年）；作者不詳：《震動世界的難民潮》（台北：新亞圖書，1979 年）。

58 Mark, "The 'Problem of People'," p. 1180; Peterson, "To be or not to be a Refugee," p. 185.

59 Mark, "The 'Problem of People'," p. 1157.

民」離棄共產主義，人道考慮反而變得其次。[60]

　　聯合國難民署在 1954 年獲得諾貝爾和平獎，但和美國一樣，該署早期的救援對象主要為歐洲難民，亞洲包括香港「難民」自然受到忽視。隨後由於「中國難民問題」日趨嚴重，加上美國和台灣當局及其他不同組織的多番呼籲和爭取，難民署和各國才逐漸關注。按照前述聯合國《公約》的定義，難民必須是「不能或不願接受原籍國的保護」。但在冷戰的氛圍下，中華人民共和國和「中華民國」都稱自己才是中國的唯一合法政權，究竟「中國難民」的國籍誰屬？他們是否得不到原籍國的保護？這些涉及「中國難民」法律地位和難民資格的問題會影響他們獲得國際援助。部分聯合國會員國，尤其是資本主義陣營和社會主義陣營下的各國就此不斷爭拗。這種分歧與其說是對法律的不同理解，不如說是政治角力。[61]

　　舉例來說，法國和比利時認為「中國難民」可尋求國民黨政權保護，因此不符合，也不需要聯合國難民署的救濟。[62] 土耳其和台灣方面則強調逃離中國內地的民眾為「實際上的難民」，理由是現實上大量「難民」去了香港而非台灣，令「中華民國」

---

60 "Extract of *South China Morning Post*," (5 May 1955), *CO1030/382: Problem of Chinese Refugees in Hong Kong (1954-1956)*, p. 34.

61 Mark, "The 'Problem of People'," p. 1160.

62 "Draft Report of the Advisory Committee of the High Commissioner of Refugees," (27-30 April 1953), *CO1023/117: Chinese Refugees in Hong Kong (1952-1954)*, p. 160.

難以保護他們。而且「中國難民」在香港的生活十分悲苦，難民署應以人道主義作優先考慮，儘量提供幫助。另外，作為共產主義國家的代表，蘇聯在聯合國會議上駁斥「中國難民問題」「根本不存在」，也不值得討論以至援助。蘇聯強調，所謂的「難民」不是真正的難民，他們只是前往香港進行各種交流和活動的內地居民。[63]蘇聯又指，中華人民共和國歡迎他們重返內地，反而是香港政府對此加以阻礙。[64]

聯合國後來發表對「中國難民」的考察報告，雖然稱香港的「中國難民」為「實際上的難民」（de facto refugees），[65]但又強調有關問題的爭論焦點和原因，其模棱兩可的態度令援助被拖延。結果，「中國難民」的法律地位始終未被弄清，各國也依然為此而爭拗。直到 1950 年代末，由於「難民救濟」的需求越來越迫切，再加上美國和台灣當局的持續爭取和呼籲，即使複雜纏繞的法律問題仍然存在，聯合國各會員國還是逐漸把注意力放在對「中國難民」的切實救援上。倫敦和港府明白，「難民問題」不單關乎人道主義救濟，也牽涉千絲萬縷的國際政治博弈，但他們對「中國難民」的考量和處理也加劇了問題的複雜性。1950

63 "From United Kingdom Delegation of the United Nations to Foreign Office," (8 November 1957), *CO1030/779: Refugees from China in Hong Kong (1957-1959)*, p. 252.

64 "Extract from *Hong Kong Standard*," (9 November 1957), *CO1030/779*, p. 112.

65 Hambro, *The Problem of Chinese Refugees in Hong Kong*, pp. 32-40; "Dodds to Harris," (6 December 1954), *CO1030/382*, pp. 118-123.

年代初期，港府和倫敦不但關注「難民潮」為香港社會帶來的負擔，更憂心原已存在的國共鬥爭會因而變得更加劇烈，兩地政府的立場基本一致。但到 1950 年代中後期，兩地政府對如何處理「難民問題」產生分歧和矛盾，背後涉及英國和香港的關係，以及雙方對財政、政治、外交、軍事等方面的看法上存在的異同。

1.4　戰後初期香港政府的管治和社會服務

英國奪取香港的主要目的是利用香港優越的地理位置進行貿易，因此殖民管治初期施行「英華分治」，以不同方式管治西人和華人，並且明顯歧視華人。1941 年日本佔領香港以前，除非發生嚴重的天災人禍，又或殖民管治受到衝擊，英國人儘量不干預華人事務，對華人的生活狀況通常漠不關心，[66] 以減少資源的付出。當時向華人提供社會服務的是以紳商為主的華人領袖及其組建的團體，如行會、商會、同鄉會、慈善機構等。[67] 戰前最

---

[66] Norman Miners, *The Government and Politics of Hong Kong* (Hong Kong: Oxford University Press, 1982), p. 70, 279；冼玉儀：〈社會組織與社會轉變〉，載於王賡武主編：《香港史新編》（上冊），頁 210。

[67] Elizabeth Sinn, "A History of Regional Association in Pre-war Hong Kong," in *Between East and West: Aspects of Social and Political Development in Hong Kong*, ed. Elizabeth Sinn (Hong Kong: Centre of Asian Studies, 1990), pp. 159-186.

重要的民間福利團體是在 1870 年和 1878 年先後成立的東華醫院和保良局。東華醫院成立初期，因應港府社會福利和醫療服務的極其有限，協助港府為華人大眾施棺贈殮、收容弱老、阻止拐誘、護送回鄉、興辦義學等，從而贏得華人信任和尊重，扮演了連繫港府和華人的「中間人」角色，甚至一度成為華人社會的權力中心。雖然東華醫院減輕了港府的施政負擔，但也令港府擔心其成為不受控的民間力量。如是，港府和東華醫院的關係時而和諧，也時而緊張，以致令管理醫院的董事頗為尷尬。港府對東華醫院等民間團體的工作並非放任不顧，只要認為管治受威脅，也會設法干涉其運作。港府後來便設立了更多處理華人事務的機構，從而間接削弱了東華醫院獨有的影響力。其後，東華醫院於 1931 年和廣華醫院、東華東院合併成為東華三院。至於保良局則揭櫫「保赤安良」，成立時以遏止拐騙婦孺及提供庇護教養為首要任務。隨著華人社會的壯大，兩大組織也不斷擴展其工作範疇，為華人提供多元化的慈善福利服務。[68]

第二次世界大戰衝擊了英國的殖民制度，若想繼續有效管治香港，英國人必須恢復以至增加華人對殖民管治的信心。戰

---

68 Elizabeth Sinn, *Power and Charity: A Chinese Merchant Elite in Colonial Hong Kong* (Hong Kong: Hong Kong University Press, 2003), pp. 1-6；〈追源溯流話東華〉，*http://www. tungwah.org.hk/?content=36*（東華三院網站），2009 年 7 月 1 日；〈倡立源起〉，*https://www.poleungkuk.org.hk/about-us/about-po-leung-kuk*（保良局網站），2009 年 7 月 1 日；冼玉儀：〈序〉，載於劉潤和、冼玉儀主編：《益善行道》，頁 1-2。

後重任港督的楊慕琦（Mark Young）形容香港是英國領土而非殖民地，[69] 暗示新的管治文化必不可少。面對百廢待舉的香港，英國人意識到重建工作必須包括恢復港府聲譽和增強華人認同感。[70] 港府遂廢除了禁止華人居住山頂的歧視條例，又提出民主政治改革方案，並破例招攬香港大學畢業，並曾加入英軍服務團抗日的本地居民徐家祥成為首位華人政務官，[71] 顯示港府意欲增加華人對其的好感，鞏固英國的殖民管治。

　　港府的社會服務也較戰前積極。大量貧民急需物資和安置，其後「難民」的持續進入令需求更加殷切。港府醫務處遂於 1946 年新設救濟署，翌年 8 月 27 日華民政務司署轄下設立由救濟署擴充而成的社會局，保留救濟署和新增婦女兒童署，藉以「保護婦孺、殘疾人士及貧苦大眾，並提供緊急救援和調解家庭鄰里糾紛」。[72] 1948 年港府又成立福利諮詢委員會，收集

69　Frank Welsh, *A History of Hong Kong* (London: Harper Collins, 1993), p. 434.

70　G. B. Endacott and Alan Birch, *Hong Kong Eclipse* (Hong Kong: Oxford University Press, 1978), p. 320.

71　G. B. Endacott, *A History of Hong Kong*, pp. 307-313；冼玉儀：〈1945 年 -1949 年間香港的政治，社會及經濟概況〉，載於香港中華文化促進中心編：《四十年代港穗文學活動研討會論文集》（香港：香港中華文化促進中心，1987 年），頁 5；曾銳生：《管治香港：政務官與良好管治的建立》（香港：香港大學出版社，2007 年），頁 55-59。

72　Ho Pui-yin, *The Administrative History of the Hong Kong Government Agencies, 1841-2002* (Hong Kong: Hong Kong University Press, 2004), p. 209.

有關社會福利的建議和資助民間福利團體。[73] 雖然社會局成立時只有兩名官員以及僅協助和派津貼給志願團體，[74] 而諮詢委員會的作用亦有限，[75] 但新組織的創建畢竟加強了對華人的關注。直到 1952 年，社會局的救濟對象包括北角、摩理臣山、調景嶺三個難民營，又在筲箕灣、跑馬地、西營盤、油麻地、深水埗和九龍城設立 6 個服務站，為「難民」和其他有需要人士提供援助，其中最主要的工作是每天施飯。[76]

社會局鼓勵和支持民間團體如街坊福利會的工作，從而協助華人自我救濟和互相支援。街坊福利會是戰前港島和九龍部分地區成立的華人傳統互助組織，初時未得港府認可，故作用及影響不大。直到第二次世界大戰後街坊福利會才快速發展，在所屬社區開設學校、診所，又提供家務課程。而當發生災難意外時，街坊福利會又會派發救濟物資，並且提供其他支援服務。街坊福利會與社會局建立密切關係，協助港府宣傳政策和推廣活動，並收集民間的訴求。直到 1954 年末，全港共有 21

73　Hong Kong Council of Social Service, *40 Anniversary: A Commemorative Issue: 1947-1987* (Hong Kong: Hong Kong Council of Social Service, 1987), p. 5.

74　Miners, *The Government and Politics of Hong Kong*, p. 92；冼玉儀：〈社會組織與社會轉變〉，頁 209。

75　周永新：《社會福利政策評析》（香港：天地圖書有限公司，1984 年），頁 66。

76　Ho, *The Administrative History of the Hong Kong Government Agencies*, p. 209; Hong Kong Council of Social Service, *40 Anniversary*, p. 12.

個街坊福利會，[77] 成為連繫港府和華人社會的民間代表之一。

　　跟街坊福利會一樣，東華三院和保良局等戰前成立的組織在戰後忙於各項賑濟活動；而不斷增加的本地和海外慈善團體如天主教和基督教組織更令香港的慈善事業蓬勃發展。[78] 1951年，香港有 78 個志願團體為有需要人士提供各種服務。民間團體施予的多元化救濟既回應了戰後社會的需要，亦代表團體之間以及團體和港府的協調成為能否有效運用資源的關鍵，故在1940 年代成立的緊急救濟聯會到 1947 年擴充改組成規模更大的香港社會服務聯會（以下簡稱社聯），從而「統籌全港各民間志願團體以及倡議新的福利計劃」。1951 年，社聯成為法定團體，又成立工作委員會處理各項救濟援助。到 1959 年，社聯統籌接近 50 個慈善團體。[79] 由此可見，戰後香港的民間團體無論是數量或是組織管理程度都有了不少提升；這既是對社會需求的回應，也有助於他們繼續擔當福利服務的主要提供者。

　　縱使戰後初期港府的管治哲學和社會服務有上述發展，其

77　冼玉儀：〈社會組織與社會轉變〉，頁 199-200；Aline K. Wong, *The Kaifong Associations and the Society of Hong Kong* (Taipei: Orient Cultural Service, 1985), pp. 1-7；周永新：《香港社會福利的發展與政策》（香港：大學出版印務，1980 年），頁 146。

78　李志剛：〈天主教和基督教在香港的傳播與影響〉，載於王賡武主編：《香港史新編》（下冊）（香港：三聯書店〔香港〕有限公司，1997 年），頁 753，766。

79　Hong Kong Council of Social Service, *40 Anniversary*, pp. 12, 16-17；〈社聯簡介〉，*http://hkcss.org.hk/c/fc_detail1.asp?fc_id=15*（香港社會服務聯會網站），2019 年 11月 8 日。

改變卻不應被誇大。劉蜀永認為，直到 1950 年代末，雖然港府利用社會資源介入教育、社會福利、社區服務等範疇，但整體而言，港府在社會服務上依然十分保守被動，不願調撥大筆款項推動相關發展，大部分的服務依然仰賴民間團體的付出。[80] 惟有遇上重大災害，港府才迫不得已作出支援，而且許多都是補救性的措施。其時，香港仍是一個傳統意義上的殖民地，港府基本上沒有明確的社會政策，其對社會福利的「不干預」主要源於當時只需照顧商人的利益，而且本地勞工不視香港為家，不會施壓爭取社會服務的改善。[81] 學者認為，直到 1967 年香港發生「暴動」後，港府的管治策略才出現重大變化。[82] 本書則對上述看法作以下補充：因為「中國難民問題」，1950 年代中後期港府已打算把「難民」整合至香港社會，並尋求外界援助以增加對「難民」和非「難民」的社會服務。因此，縱使 1967 年的「暴動」是戰後香港歷史的分水嶺，但「難民問題」驅使港府在此前已加快改變管治策略，這有助於重新衡量 1967 年「暴動」的影響程度。

---

80 劉蜀永主編：《簡明香港史》，頁 270-271。

81 陳錦華、梁麗清：〈社會政策與「積極不干預」〉，載於謝均才編：《我們的地方，我們的時間：香港社會新編》（香港：牛津大學出版社，2002 年），頁 317，324。

82 Steve Tsang, ed., *Government and Politics* (Hong Kong: Hong Kong University Press, 1995), p. 7；張家偉：《六七暴動：香港戰後歷史的分水嶺》（香港：香港大學出版社，2012 年），頁 187-206。

從救濟到融合

1.5　小結

　　有關難民的定義沒有確切和統一的標準，但它是了解戰後香港「中國難民問題」的重要課題。本書歸納出範圍較廣的難民定義，亦即因為受到軍事、文化、政治、經濟等方面人為迫害而逃離原籍國或原居地的人。至於《公約》的難民定義由於聯合國難民署作為一個國際性難民救濟組織的影響力而受到重視。冷戰時期，居於香港的「中國難民」是否符合《公約》的定義，引發國際上持續的爭議，也影響香港政府的「難民政策」。值得思考的問題是，不同政府和組織為何認同、懷疑或否定香港的「中國難民」的身份？其背後的理念和考慮是什麼？

　　從 1945 年到 1980 年，內地民眾逃往香港源於一系列的因素。中國內地出現的內戰、共產主義政權的建立，以及社會主義改革運動令他們產生離開的念頭；而選擇前往香港除了因為當時的香港不受北京管治和以華人為主的社會結構之外，也由於進入香港相對便捷。即使 1949 年後兩地出入境受到管制，但邊境仍然存在不少漏洞，港府也沒有全面禁止非法入境者的居留。對許多內地民眾來說，偷渡存在風險，但值得一試。於是，國民黨支持者、商人、知識分子、平民、傳教士等持續逃港。雖然數目難以有精確統計，但不同身份和背景的「中國難民」為香港帶來了各方面的、正負面的影響。住屋需求具體展現「中國難民」帶來的負擔，但港府最關注的是「難民」會否加劇政治鬥爭和破壞社

會穩定。畢竟,「中國難民問題」不但關乎人道主義救濟和資源分配,也牽涉香港與中國內地及台灣方面的關係、中英外交、國共鬥爭、美蘇冷戰等複雜要素,因而考驗港府和倫敦的應對和協調。

戰後初期香港面對管治危機和重建需要,港府和民間團體都加強了對社會的支援。雖然 1967 年以前港府的管治模式沒有巨大變化,大致上仍然讓慈善團體和宗教組織在社會福利服務方面扮演主導角色,但社會局和福利諮詢委員會的成立反映港府比以前增加了對華人社會的關注,而且港府又加強了和東華三院、保良局、街坊福利會、社聯等新舊機構的聯繫和合作。尤其在「中國難民問題」持續困擾香港的情況下,迫使港府正視和應付該重大挑戰,間接推動了香港的管治模式和社會服務的改進。

第二章

1950 年代初期
香港政府對待
「中國難民」的政策

2.1　港府的被動和消極

面對蜂擁而至的「中國難民」，港府最初並不願意積極救濟。香港和英國的官員根據內地民眾到香港逃難的歷史傳統，在國共內戰時期已經預料到香港會有「難民危機」。港府又承認 1949 年 3 月後有大批「難民」湧入。不過，港府的正確估計沒有化為行動上的充分準備，除個別救濟團體登記的零散資料，港府並無關於「難民」人數及其背景之可靠數據，[1] 1950 年 1 月前也沒有對內地民眾的入境加以限制。港督葛量洪（Alexander Grantham）憶述，港府認為「共產黨在整個中國鞏固了政權時，難民便會由香港返回內地」。[2] 因此，與其為「難民」設置長期的安置計劃，不如靜待他們自行離開。不過港府顯然棋差一著，雖然大部分「中國難民」情感上不當香港為長期居所，但中國內地政治和經濟制度的巨變，加上遷移至其他地方的理想難以實現，令大量「難民」被迫留在香港，採取「走著瞧」的態度，[3] 這實在遠遠出乎港府的預期。

1950 年代初期，港府也不希望熱情的援助弄巧成拙地吸引更多新來者，破壞謹慎的財政方針和放任的管治哲學。葛量洪

1　Hambro, *The Problem of Chinese Refugees in Hong Kong*, p. 21.

2　Alexander Grantham, *Via Ports: From Hong Kong to Hong Kong* (Hong Kong: Hong Kong University Press, 1965), p. 141.

3　Lan, "Rennie's Mill," p. 65.

認為,「沒有理由把香港變成吸引全中國『難民』的光耀的流動廚房」。[4] 要積極救助「難民」,港府需要大量支出。換個角度說,港府可以用資源匱乏作為消極的理由。按照慣例,當時香港的財政預算需要得到英國政府的審核和批准,目的是確保香港的財政穩定。戰後英國恢復對香港的管治不久,英國殖民地部推出「殖民地發展及福利基金」,調撥 1,600 萬港元協助香港未來兩年的發展,[5] 但部分款項需要歸還,而倫敦之後也甚少再對殖民政府提供財政援助。港府則需繼續向倫敦支付駐港英軍的費用。[6] 1950 年至 1953 年韓戰時期,美國和聯合國對中華人民共和國實施的貿易禁運嚴重打擊了香港的轉口貿易。[7] 因此,雖然自 1947 年起香港的財政每年都有盈餘,港府的財政政策仍頗為保守。[8] 在此大環境下,官方救濟工作乏善可陳,藉以避免吸引更多「難民」。此外,戰前來港的「中國難民」多由他們在港的親友或民間團體接濟,不致成為政府的重大負擔,港

4　Grantham, *Via Ports*, pp. 153-156.

5　何佩然:《地換山移:香港海港及土地發展一百六十年》(香港:商務印書館〔香港〕有限公司,2004 年),頁 136,143。

6　Hong Kong Legislative Council, "Hong Kong Hansard: Reports of the Sittings of the Legislative Council of Hong Kong, 27 February 1957."

7　Hong Kong Legislative Council, "Hong Kong Hansard: Reports of the Sittings of the Legislative Council of Hong Kong, 7 March 1951," *http://www.legco.gov.hk/1951/h510307.pdf* (Online Records of the Legislature), 10 December 2006.

8　Mark, "The 'Problem of People'," p. 1149.

府認為可同樣處理戰後的「難民問題」。[9]

　　由於逃難者來自中國內地，而且不少人都是支持國民黨的「政治難民」，港府和英國殖民地部、英國外交部都擔心冷戰時期主動的「難民援助」將招致北京的猜忌以及國際社會的干預，危害英國和中華人民共和國的關係以及香港的穩定。北京以處理「香港問題」的方針看待所謂「中國難民問題」：北京否定英國殖民管治的合法性和重申香港是中國不可分割的一部分，強調當時南下香港的內地民眾只是中國的流動人口而非難民，又指責對「中國難民」的人道主義援助是「掛羊頭賣狗肉」，實際上是反共產主義的敵對活動。[10] 為避免引起北京不必要的猜疑，港府拒絕承擔救濟責任，有時甚至否認香港存在「中國難民問題」。[11] 港府的打算是：以不引起國際社會的過分關注以致危害香港穩定為大前提，由香港內部自行解決該問題。[12]

　　面對大量「難民」的滯留，除了提供最基本的救濟，港府的處理方法不外乎將「難民」遣返內地、轉送「第三國」或整合至香港社會。[13] 遣返方面，聯合國《公約》有所謂「不推回原

9　Grantham, *Via Ports*, pp. 153-154.

10　Mark, "The 'Problem of People'," pp. 1152-1154.

11　Lan, "Rennie's Mill," pp. 73-74.

12　Grantham, *Via Ports*, pp. 153-154.

13　胡鴻烈：〈香港難民與聯合國〉，頁 124-125；Hong Kong Government, *Annual Report, 1959* (Hong Kong: Government Printer, 1960), p. 2.

則」，即「不能強行將難民遣送回令其遭受迫害或害怕遭受迫害的國家或地區」；而假如「有正當理由認為難民足以危害所在國的安全，或者難民已被確定犯過特別嚴重罪行從而構成對該國社會的危險」，則可以不遵守該原則。[14] 理論上，港府可以用「被遣回者非真正的難民」或「難民危害社會安穩」為由強行遣返。只是，這勢必引起人道主義者和西方國家的抨擊，損害香港乃至英國的名聲。何況大量「難民」已四散於港島、九龍和新界，且境況悲涼，遣返行動難以執行。至於內地邊防部門也可能以港府「無權限制中國人自由進出中國領土」而拒絕接收被遣回者。[15] 港府最初以為「難民」會很快離去，也令他更不願意實施遣返。由於北京表示歡迎留在香港的民眾返回內地參與社會主義建設，葛量洪強調如果「難民」同意，港府十分願意協助他們回鄉。而事實上，港府也曾幫助部分來自華北的前國民黨士兵返回天津和青島。[16] 但在整個 1950 年代，只有少數「難民」由港府安排回內地或被遣返。直到 1962 年大批內地饑民湧入香港，和廣東省寶安縣協商後，港府才首次大規模施行

14　蓋伊・古德溫―吉爾：〈《關於難民地位的公約》及其議定書〉，頁 3-4。

15　邵善波、李璇：《對香港人口政策和入境政策的檢討及建議》（香港：一國兩制研究中心，2002 年），頁 14。

16　Lan, "Rennie's Mill," p. 85.

遣返。[17]

　　1956 年以前，港府認為處理「難民問題」的適當方法是把他們轉送到「第三國」，而不是讓「難民」依賴殖民政府的救濟。直到 1954 年，根據聯合國的調查，50% 的「中國難民」希望離開香港，40% 打算留下，只有 1% 願意返回內地。[18] 似乎很多「難民」樂意被遣往「第三國」。其中，支持國民黨的「右派難民」多視香港為「中轉站」，他們最想到台灣定居。[19]「難民」的個人意願似乎有利於香港的轉送行動，但最大的問題是其他國家或地區只接收少量「中國難民」。無論是英聯邦國家澳洲、加拿大，抑或部分南美洲國家，都願意收容歐洲難民，卻不太歡迎「中國難民」。[20] 加拿大政府曾招募少數「難民」填補職位空缺，但通常只容許在該國有直系親戚的「中國難民」入境。澳洲願意接收小部分「中國難民」知識分子，條件是必須達到澳洲政府要求的教育水平。[21] 這些國家除了考慮自身的承受能力，也認為雖然香港受英國殖民管治，但香港始終是中國領土，又是華人為主的社會，而且中國內地與香港的關係和

17 "Extract from *Hong Kong Standard*," (5 May 1962), *HKRS70-1-160: Refugee Exodus - May, 1962.*

18 Hambro, *The Problem of Chinese Refugees in Hong Kong*, p. 69.

19 Holborn, *Refugees: A Problem of Our Time*, p. 678.

20 "Draft Letter," *CO1030/777: Refugees from China in Hong Kong (1957)*, p. 56; Holborn, *Refugees: A Problem of Our Time*, p. 679.

21 Holborn, *Refugees: A Problem of Our Time*, p. 679.

民間交往一直極為緊密，所謂「難民」只是在中國內部遷移，不算是尋求庇護。這種人口流動不算難民的逃亡。況且，既然「中華民國」自稱是唯一合法的中國政府，又是聯合國的中國代表，台灣當局便有責任收容這批他們口中的「難胞」，讓他們得到保護。至於東南亞各國早在 1940 年代後期已擔憂中國內戰可能引來大量「難民」，於是想方設法限制他們入境。[22] 在 1950 年代，安排大批「難民」到東南亞的想法並不明智，皆因當地正出現排華現象。[23] 東南亞各國政府也早對華人控制當地經濟活動和不願融合本地文化頗有微言，擔心「中國難民」的遷入進一步提升華人的影響力。[24]

出於人道主義考慮和反共產主義的立場，國民黨和美國較為願意接收「中國難民」。台灣方面接收的數量最多，但其收容計劃有很強烈的政治考量，例如大部分被接收的「難民」為居於調景嶺的親國民黨人士和國民黨士兵。從 1949 年 1 月到 1954 年 5 月，147,678 名「難民」由香港遷往台灣，[25] 但此後每年獲准進入台灣的「中國難民」開始持續減少。[26] 1955 年 3 月

22　李培德：〈略論 1940 年代寓居香港的上海人〉，頁 67。

23　"Report to the High Commissioner on Trip to South East Asia," (27 January 1953), *CO1023/117*, p. 268.

24　趙綺娜：〈冷戰與難民援助〉，頁 90-91。

25　Holborn, *Refugees: A Problem of Our Time*, pp. 678-679.

26　Hambro, *The Problem of Chinese Refugees in Hong Kong*, pp. 71-83.

到 1956 年 6 月，只有 795 名調景嶺「難民」前往台灣，大部分是殘障人士。[27] 國民黨顧慮本土的容納能力，逐漸傾向為香港的「中國難民」提供在地救濟，而非讓他們移居台灣。而且，國民黨希望香港尤其是調景嶺繼續聚集大批反共的「右派難民」，令其不會失去這個收集大陸情報的「政治基地」。國民黨也擔心，過多的接收將造成沉重的財政壓力，也可能混進中共間諜。[28] 正因如此，大規模移居台灣的行動在 1954 年以後逐漸減少。

美國長期執行限制以至歧視「中國難民」的入境政策，但在 1953 年，情況有所改變。美國公佈《1953 年難民救濟法案》（*Refugee Relief Act of 1953*），為全球的「中國難民」提供 2,000 個入境美國的名額，其中 1,400 個專門給予香港的「中國難民」，並規定赴美護照要由「中華民國」政府或其合法代表簽發。另外，「難民」也可申請每年 105 個的中國移民入美配額。[29] 雖然名額增加，要獲得批准入境，「難民」需要證明有專業技能或有親屬在美，符合資格者當然不多。而從 1957 年 11 月開始，「中國難民」移居美國的政策再度變得嚴格，他們必須通過競爭激烈的申請和篩選。縱然如此，美國仍是接收最多「中國

27　吳建平主編：《調景嶺義民反共奮鬥史實》，頁 171-172。

28　《工商日報》（1955 年 5 月 14 日）。

29　趙綺娜：〈冷戰與難民援助〉，頁 95；Hambro, *The Problem of Chinese Refugees in Hong Kong*, pp. 83-84.

難民」的西方國家。[30]

　　作為香港的宗主國，英國不太願意接收香港的「中國難民」，也甚少安排他們遷往英國其他殖民地。1949 年前，在香港出生的居民享有進入英國的權利，並且獲准隨時在英國無限期居住。倫敦在《1948 年英國國籍法案》（*The British Nationality Act, 1948*）又提出了「聯合王國及殖民地公民」（Citizens of the United Kingdom and Colonies）這一新國籍。按照該法案，從 1949 年起，在香港出生者享有成為該公民的權利，代表他們能入境英國和定居。亦即是，「中國難民」在香港誕下的子女將擁有英國居留權。但問題在於，「難民」自己並非香港出生，無法移居英國，因此「難民」子女多繼續留在香港。[31] 倫敦不熱衷於收容「中國難民」，從 1949 年到 1962 年，只有少數「難民」獲批英國的工作簽證。[32] 隨著香港人口增加以及香港出生的「中國難民」子女越來越多，倫敦遂立法限制他們入境。1962 年的《英聯邦移民法》（*Commonwealth Immigrant Act, 1962*）規定，只有在英國出生者才能自由進出英國，持英國殖民地政府護照者則不再享有英國居留權。[33] 至此，就連「難民」的子女也失去移

30　Mark, "The 'Problem of People'," p. 1162.

31　吳志森、李正儀、曲阿陽：《香港居民的國籍和居留權：1997 年前後的延續與轉變》（香港：香港大學亞洲研究中心，1997 年），頁 54-56。

32　Holborn, *Refugees: A Problem of Our Time*, p. 679.

33　吳志森、李正儀、曲阿陽：《香港居民的國籍和居留權》，頁 56。

居英國的權利。

　　總的來說，轉送「第三國」的「中國難民」數目不多，加上大規模遣返行動未曾實施，大量「難民」繼續留在香港。為避免更多新來者，港府開始實行入境管制。如前一章所述，1950 年以前，華人基本上可以自由進出中國內地與香港。1949年 4 月中國人民解放軍攻陷中華民國首都南京後，港府為應付可能發生的軍事危機和「難民」入境，以及防範中共勢力的滲透，6 月在兩地海陸邊境實行戒嚴，[34] 又頒佈了多項緊急法例，包括《1949 年人民入境管制條例》，「管制非本港土生人士來港、離港以及在港內的一切活動」。亦即是說，豁免華人入境限制的傳統被打破。條例在 1950 年 1 月 5 日正式實施，要求入境者需證明自己在香港有職業或居所，[35] 但初期執行並不嚴格，內地民眾進入香港大多不受阻礙。[36] 香港警察又在新界邊境嚴厲巡查，並建設長達 107 英里的鐵絲網圍欄，用於防範非法

34　鄭宏泰、黃紹倫：《香港身份證透視》，頁 40；《星島日報》（1949 年 5 月 29 日）。

35　Hong Kong Government, *Hong Kong Hansard, Reports of the Meetings of the Legislative Council of Hong Kong, Session 1949*, p. 14；陳昕、郭志坤編：《香港全紀錄》（第 1 卷）（上海：上海人民出版社，1997 年），頁 262；鄭宏泰、黃紹倫：《香港身份證透視》，頁 42。

36　Johannes Man-mun Chan and Barthazar A. Rwezaura, eds., *Immigration Law in Hong Kong: An Interdisciplinary Study* (Hong Kong: Sweet & Maxwell Asia, 2004), p. 2；《工商日報》（1950 年 1 月 5 日）；陳昕、郭志坤編：《香港全紀錄》（第 1 卷），頁 226。

入境以及加強邊境治安。[37] 戰前從內地到香港者主要是廣東人，但戰後大量的「難民」卻來自中國內地各處，因此港府很快又於 4 月 28 日頒佈《人民入境管制（補充）條例》，要求 1950 年 5 月 1 日及之後來港的廣東籍居民必須持有由中華人民共和國政府發出的入境內地通行證；同時實行「配額制度」，規定每天進入香港的數目必須等於離境的人數。至於非廣東籍內地民眾來港則需申領香港政府發出的入境簽證或通知書，否則可能被處罰或遣返。[38] 新的出入境政策較為寬待廣東居民，這可能源於粵港兩地長久以來密切的社會和經濟聯繫。

港府的管制措施令內地民眾進入香港形成「合法」和「非法」之分，開始產生所謂「內地非法入境者」的概念，這引起中華人民共和國外交部的抗議。在北京看來，港府的做法不但

---

37 《工商日報》（1950 年 5 月 8 日）；鄭宏泰、黃紹倫：《香港身份證透視》，頁 39；曾銳生：〈1949 年的英國對香港防衛政策〉，載於魯言編：《香港掌故》（第 13 集）（香港：廣角鏡出版有限公司，1991 年），頁 137-169。

38 "Chapter IV. Police and Procedure relating to the Entry, Residence and Exit of Chinese," *CO1030/1446: Hong Kong Police Report on Control of Immigrants and Reorganization of Immigration Department (1960)*, p. 34; "Entry of Cantonese from China via the Border and Macau," *CO1030/1446*, p. 37; "From the Officer Administering of the Hong Kong Government to the Secretary of State for the Colonies," (10 October 1956), *CO1030/383: Problem of Chinese Refugees in Hong Kong (1955-1956)*, pp. 20-22; "Hong Kong Immigration Controls," *CO1030/1255: Immigration Control, Hong Kong (1962)*, p. 20；陳昕、郭志坤編：《香港全紀錄》（第 1 卷），頁 274；鄭宏泰、黃紹倫：《香港身份證透視》，頁 165-168。

破壞華人自由進出兩地的傳統，而且等同視內地民眾為「外國人」，對於內地民眾以及剛成立的中華人民共和國都是不敬。[39]
但諷刺的是，1951 年 1 月 30 日開始，廣東當局也對沿海地區出入境加以規管，前往香港的內地民眾固然需向公安部門申請各類通行證，北上內地的香港居民也需事先申請證明文件。[40] 兩地政府管制出入境，阻止了「難民潮」的加劇，但由於兩地邊境漏洞頗多，「難民」仍可循海路和陸路冒險進入香港。

2.2 港府和民間團體的救濟

難民救濟的經驗對香港民間團體來說並不陌生。1937 年七七事變後，日本全面侵華，內地難民湧進香港，港府在港九新界各地設立多個難民營和臨時安置區。[41] 以東華三院為首的慈善團體就迅速合組香港難民及社會福利委員會，[42] 協助以至代替港府進行施粥、醫療、安置、遣送回鄉等繁重的救濟工作，

---

39 《人民日報》（1950 年 5 月 10 日）。

40 《南方日報》（1951 年 1 月 30 日）；鄭宏泰、黃紹倫：《香港身份證透視》，頁 169；Chan and Rwezaura, eds., *Immigration Law in Hong Kong*, p. 7；鄧開頌、陸曉敏主編：《粵港關係史》，頁 255。

41 劉蜀永主編：《簡明香港史》，頁 194。

42 關禮雄：《日佔時期的香港》（香港：三聯書店〔香港〕有限公司，1993 年），頁 124。

從救濟到融合

並贏得港府的讚譽。[43] 這種官民合作的模式被用作處理戰後新的「中國難民問題」。香港的民間團體大多同情「難民」，並抱持人道主義精神熱心進行救濟。部分親北京的左派組織縱然否認新來者是難民，也聯同內地的慈善機構提供援助。[44] 當然，不能忽略部分團體進行救濟之政治目的，尤其是右派組織和美國藉此「揭露」中國內地的一系列問題。但大部分團體都確實努力為「難民」排憂解難，彌補港府救濟工作的不足。

1949 年春天，國民黨政府在內戰中敗局已定，不少官兵以及他們的親屬南逃香港並流落街頭。另外，根據東華三院的官方記錄，1949 年 10 月，不少傷殘「難民」也由廣州進入香港。這些「難民」無家可歸和無法自理，當他們聽聞東華三院會為「中國難民」提供救濟後，便陸續聚集在東華醫院附近。香港警務處建議由東華三院照顧該批新來者。東華三院和社會局商討以後同意把「難民」臨時安置在港島西環的天台房屋，並利用港府和民間團體的捐款為「難民」進行登記和供應食物。[45] 直到 1949 年 11 月末，獲東華三院救濟的「難民」達到 1,243 人，平均每天消耗的米飯大約半噸。[46] 其時東華三院也為「難民」提

---

43 劉蜀永主編：《簡明香港史》，頁 193；王惠玲：〈救濟、保護與募捐〉，頁 197，200。

44 周奕：《香港左派鬥爭史》（香港：利文出版社，2002 年），頁 81-83。

45 王惠玲：〈救濟、保護與募捐〉，頁 200-201。

46 《工商日報》（1949 年 11 月 23 日）。

供保暖衣物。但由於本身財政緊絀，東華三院的救濟只屬臨時應急性質。由於東華三院明白該批「右派難民」希望前往台灣，因此特別設立一個部門協助「難民」遷徙至台灣和仍受國民黨控制的海南島。[47] 可是，隨著海南島被中國人民解放軍攻佔，台灣方面的接收又進展緩慢，許多「難民」依然需要東華三院的援助。

東華三院繼續協助港府執行救濟任務，但很快因其他「難民」聞風而至而不勝負荷，而露宿西環的「中國難民」也為該區帶來不少問題。由於聚居的「難民」越來越多，其他香港居民對他們日趨厭惡。故東華三院徵得華民政務司署同意後宣佈不再接收「難民」。而由於「難民」多是國民黨支持者，他們成為港府眼中的「政治負擔」。為紓緩東華三院的財政壓力和避免無家可歸者流連街頭造成社會不穩，社會局在 1950 年 3 月選定港島西郊的前英軍兵營摩星嶺設立難民營，並於同月迅速把已登記的 4,806 名「難民」遷往該處。[48] 轉運「難民」的工作由港府和民間團體聯合進行，其中東華三院的主席和總理負責監管和佈置，社會局代局長韋輝（James Wakefield）從旁指

---

47 王惠玲：〈救濟、保護與募捐〉，頁 201；"Extract from Press Summaries: *Chi Yin Daily News*," (7 January 1953), *CO1023/117*, p. 202.

48 王惠玲：〈救濟、保護與募捐〉，頁 204；Lan, "Rennie's Mill," p. 12；《工商日報》（1950 年 4 月 23 日）；胡春惠：〈香港調景嶺營的出現與其在歷史上意義〉，頁 537。

揮，並由警務處派員維持秩序，而聖約翰救傷隊亦協助登記和安置，醫務衛生署和工務司署提供了 12 輛貨車分批把「難民」運至摩星嶺。[49] 此後直到 1953 年，仍然有 106 名「難民」留在東華醫院；部分新來的無家可歸的「難民」亦獲東華三院接濟。[50]

摩星嶺難民營迅速暴露的問題反映港府的安置缺乏充分準備和適當計劃。社會局委託東華三院為難民營提供約 7 個月的免費膳食。每天派飯兩次，每 4 名「難民」為一組，每組可獲分派 1 桶米飯和 1 碟餸菜。[51] 不過，摩星嶺營欠缺基本設施，只提供帳篷作臨時棲息所用；衛生設備的缺乏以及位處山腰的地理狀況令居住環境更加惡劣。[52] 另外，難民營也因鄰近豪宅而遭富人反對，要求港府儘快撤離「難民」。[53] 難民營的設立也阻礙駐港英軍加強摩星嶺軍事設施的計劃。[54] 摩星嶺不能有長期難民營的另一重要原因是，當地鄰近港島市區，難民營可能爆發嚴重的疫疾並傳染至市區。[55]

---

49 《香港時報》（1950 年 3 月 29 日）；《工商日報》（1950 年 3 月 29 日）。

50 王惠玲：〈救濟、保護與募捐〉，頁 35；《工商日報》（1952 年 9 月 23 日）。

51 胡春惠：〈香港調景嶺營的出現與其在歷史上意義〉，頁 537；王裕凱主編：《香港調景嶺難民營調查報告》（香港：香港大專社會問題研究社，1960 年），頁 16-17。

52 王惠玲：〈救濟、保護與募捐〉，頁 16；胡春惠：〈香港調景嶺營的出現與其在歷史上意義〉，頁 537-538。

53 Lan, "Rennie's Mill," pp. 92-93; Grantham, *Via Ports*, pp. 140-141.

54 胡春惠：〈香港調景嶺營的出現與其在歷史上意義〉，頁 538。

55 《工商日報》（1952 年 9 月 23 日）。

港府很快又擔心匯集「右派難民」的摩星嶺營會影響社會穩定。該批政治色彩濃厚的「反共難民」可能會和親共的左派人士產生衝突。葛量洪甚至不諱言，港府當年其實厭惡居於摩星嶺營的「難民」：「他們帶來麻煩和昂貴代價，並且令我們和中華人民共和國政府的關係產生尷尬，尤其是部分人參與反北京的活動。」[56] 港府於是決定再把「難民」遷移至新界離島的銀礦灣，行政局亦迅速通過決議，但最終因當地居民的強烈反對而改為遷往新界東部邊陲的調景嶺。[57] 實際上銀礦灣和調景嶺都遠離市區，調景嶺更因傳聞有麵粉廠商人上吊自盡而曾被稱作「吊頸嶺」，荒涼陰森，只是後來設立難民營才改名「調景嶺」。[58] 選址該兩地顯示港府打算把「右派難民」與左派人士及其他本地居民隔離，減少潛在的政治風險。擬訂搬遷計劃期間，摩星嶺營又爆發「右派難民」和左派人士衝突的「秧歌舞事件」，更堅定和加快了港府將「難民」搬離摩星嶺的行動。

　　1950 年 6 月 18 日，80 名來自左派工會和學校等機構的親共人士經過摩星嶺難民營，並且揮舞中華人民共和國國旗和派發反國民黨的傳單和小冊子。他們又跳起中共在延安時期盛行

56　Grantham, *Via Ports*, pp. 140-141.

57　梁家麟：《福音與麵包》，頁 37；胡春惠：〈香港調景嶺營的出現與其在歷史上意義〉，頁 538-539。

58　馬木池等：《西貢歷史與風物》（香港：西貢區議會，2003 年），頁 83。

的秧歌舞，載歌載舞地頌讚社會主義和嘲諷「右派難民」。[59] 這自然引發「難民」的不滿，雙方出現衝突並有多人受傷，被稱作「秧歌舞事件」。事後中國大陸和台灣當局都批評港英政府。北京指責「難民」襲擊左派工人，又斥責港府在摩星嶺設置難民營。[60] 國民黨則稱事件是中共的殘酷預謀，更指責 1950 年 1 月英國承認中華人民共和國令大批共產主義支持者隨意在香港鬧事。[61]

「秧歌舞事件」顯示「政治難民」的聚集易於觸發危機，港府的擔心變成了事實，令其下定決心把「難民」安置到遠離市區的地方。故在摩星嶺營設立短短 3 個月後，港府再把「難民」遷往調景嶺。[62]「難民」對再次遷移頗不願意，曾派代表要求港府取消行動而遭拒絕。6 月 26 日至 28 日，社會局和東華三院、西環街坊福利會等合作把 6,800 名摩星嶺營「難民」安置到調景嶺，[63] 但並非所有「難民」都被轉移。港府和社會局在 1950 年 5 月和 6 月對摩星嶺「難民」進行了登記和篩選，來自廣東或廣西的單身「難民」需自行照顧自己而不被安置到調景

59 《華僑日報》（1950 年 6 月 19 日）；《香港時報》（1950 年 6 月 19 日）；Lan, "Rennie's Mill," pp. 96-102.

60 周奕：《香港左派鬥爭史》，頁 125；《工商日報》（1951 年 6 月 18 日）。

61 Lan, "Rennie's Mill," pp. 99-100；林芝諺：《自由的代價》，頁 34-37，328。

62 Lan, "Rennie's Mill," p. 12；《工商日報》（1952 年 9 月 23 日）。

63 Lan, "Rennie's Mill," pp. 108-110；《工商日報》（1950 年 6 月 26 日、28 日）；《香港時報》（1950 年 6 月 27 日）。

嶺。港府認為他們大多通曉粵語，應不難在以粵語為主流語言的香港社會謀生。[64]

除了摩星嶺和調景嶺，1949 年港府亦在北角和摩理臣山設立較小型的難民營，由社會局管理。[65] 而對於未獲安置於難民營的人來說，惡劣的居住環境成為他們苦痛的根源。大量「難民」隨處興建簡陋的木屋作為容身居所，不但居住狀況欠佳，木材、鐵皮，甚至紙皮等建築材料十分易燃，令木屋火災四起。住屋是「難民」在香港最基本的需要，但也是最大的困難；而木屋火災後的救援和徙置亦成為「難民救濟」的重要範疇，並足以透視港府和民間團體的角色和合作關係。1950 年代初，小型火災的災民通常獲街坊福利會救濟；如發生大火，慈善團體、宗教組織、商會、工會等亦會加入支援。[66] 民間團體的災後應對往往比港府更快，而社會局則負責統籌並與各團體商討救濟安排。例如 1951 年九龍城火災後，各區街坊福利會、潮州商會、東華三院等迅速組成籌賑委員會，十多名民間團體代表召開會議，並邀請社會局官員列席及提供救濟指引。[67] 通常情況下，社會局主要為災民提供臨時居所和應急物資，而民間團

---

64 Lan, "Rennie's Mill," p. 111.

65 Ho, *The Administrative History of the Hong Kong Government Agencies*, p. 209.

66 王惠玲：〈救濟、保護與募捐〉，頁 205；周佳榮、鍾寶賢、黃文江編著：《香港中華總商會百年史》（香港：香港中華總商會，2002 年），頁 144。

67 《星島日報》（1951 年 11 月 22 日）；《工商日報》（1951 年 11 月 22 日 - 23 日）。

體則負責管理和派發。過程中街坊福利會向社會局彙報救濟進度，[68] 發揮其在官民合作中重要的聯繫溝通功能。

但接踵而來的木屋火災一直困擾著「難民」和整個社會。1949 年至 1953 年，香港共發生 141 宗木屋區大火，導致 14 萬 2 千人無家可歸。[69] 港府和民間團體都明白，治本之法是為「難民」和其他貧民提供大量安全可靠的房屋。即使港府不打算積極主動地救濟「難民」，這時也不得不正視木屋區的居住問題，並且從 1951 年開始鼓勵各界興建較安全的徙置房屋。但 1953 年的石硤尾大火發生前，港府都以「缺乏足夠資金」為由不願直接承擔供應房屋的責任，其時徙置房屋或資助房屋主要由民間團體和私人實業興建。例如非牟利機構「房屋協會」在 1948 年成立，為本地貧民和南下「難民」興建房屋，港府則以低價售賣土地予房屋協會。1952 年，房屋協會在深水埗建成全港第一個「出租屋邨」上李屋，為低收入家庭提供廉租房屋。[70] 再如有宗教組織自資興建一層高的石屋以改善「難民」的居住環境，

---

68 《工商日報》（1951 年 5 月 29 日、11 月 27 日）。

69 Bill Surface & Jim Hart, *Freedom Bridge: Maryknoll in Hong Kong* (New York: Coward-McCann, Inc., 1963), p. 55.

70 Ho, *The Administrative History of the Hong Kong Government Agencies*, p. 189；〈香港房屋協會〉，*https://www.hkhs.com/tc/about-us/history-milestones*（香港房屋協會網站），2019 年 11 月 7 日。

圖 02-001：輪候救濟品的石硤尾大火災民。（圖片由高添強先生提供）

港府則批出土地及負責鋪設道路和水電設施。[71]

　　1953 年 12 月 25 日的石硤尾大火進一步凸顯木屋問題的嚴重性及其帶來的社會和政治影響，港府之後在房屋政策上扮演更重要的角色。[72] 發生在聖誕節的這場大火導致 5 萬 3 千人無家可歸。社會局、民眾安全服務隊、警務處等政府部門聯同民間團體如以往般聯合救濟。華人領袖、街坊福利會、商會、學校、酒店、宗親會、海外華僑等又舉辦了籌款活動。中國大陸和台灣的團體亦協助賑濟災民，如中華總商會受中國人民救濟總會廣東省分會的委託提供救助，[73] 中國內地國有銀行中國銀行也向災民捐款 1 萬港元。[74]

　　為應付災民在冬天迫在眉睫的居住需要，在大火約兩個月後，由工務司署建成多幢兩層高的臨時平房房舍。因該建築方案由工務司署署長包寧（Theodore Bowring）提出，故房舍取名「包寧平房」。其後港府再撥款以鋼筋混凝土興建更牢固的

71　"Grantham to the Secretary of State for the Colonies," (23 October 1957), *CO1030/778: Refugees from China in Hong Kong (1957-1959)*, pp. 85-86；李志剛：〈天主教和基督教在香港的傳播與影響〉，頁 766；邢福增：〈「基督教新村」的社會服務工作：五、六十年代香港衛理公會的個案研究〉，載於劉義章、黃文江編：《香港社會與文化史論集》，頁 155-156；Chu, *The Chinese Sisters of the Precious Blood and the Evolution of the Catholic Church*, p. 122.

72　冼玉儀：〈社會組織與社會轉變〉，頁 203-204。

73　《工商日報》（1953 年 12 月 28 日、1954 年 3 月 3 日）；周佳榮、鍾寶賢、黃文江編著：《香港中華總商會百年史》，頁 145。

74　蕭惠慈編：《大公報一百年》（香港：大公報出版有限公司，2002 年），頁 275。

圖 02-002：1956 年的石硤尾徙置大廈和旁邊的「包寧平房」。（圖片由高添強
先生提供）

8 幢 6 層高 H 型，即工字型徙置大廈，之後另外 21 幢徙置大廈也在石硤尾陸續興建；[75] 港府並在災民獲安置前提供緊急生活必須品。[76] 自此，港府開展大型的公共房屋徙置計劃，為木屋和天台房屋居民，亦即不少「中國難民」，興建較安全和衛生的徙置大廈。1954 年 4 月，港府增設屋宇建設委員會和徙置事務處，前者主要負責興建廉租和有基本設施的獨立式居所，由政府提供資金和土地。後者專責為木屋居民興建徙置大廈和進行管理。徙置事務處的前身是 1951 年至 1953 年隸屬市政局的徙置事務委員會和隸屬市政事務署的徙置組。直到獨立的徙置事務處出現後，港府才顯著增加徙置大廈的興建速度和數量。[77] 部

75 D. W. Drakakis-Smith, *High Society: Housing Provision in Metropolitan Hong Kong, 1954 to 1979, A Jubilee Critique* (Hong Kong: Centre of Asian Studies, University of Hong Kong, 1979), p. 44；香港政府：《香港一九七八年：一九七七年的回顧》（香港：政府印務局，1978 年），頁 72；何佩然：《城傳立新——香港城市規劃發展史（1841-2015）》（香港：中華書局〔香港〕有限公司，2016 年），頁 166；〈石硤尾邨歷史背景〉，*https://www.housingauthority.gov.hk/hdw/b5/aboutus/events/community/heritage/about.html*（香港房屋委員會網站），2019 年 9 月 16 日。

76 Hong Kong Government, *A Problem of People*, pp. 20-21.

77 Ho, *The Administrative History of the Hong Kong Government Agencies*, pp. 190-191；劉潤和：《香港市議會史，1883-1999：從潔淨局到市政局及區域市政局》（香港：康樂及文化事務署，2002 年），頁 74-76；Hong Kong Legislative Council, "Hong Kong Hansard: Reports of the Sittings of the Legislative Council of Hong Kong, 7 April 1954," *http://www.legco.gov.hk/1954/ h540407.pdf* (Online Records of the Legislature), 10 December 2006; Hong Kong Government, *A Problem of People*, pp. 23, 31-34；楊汝萬、王家英合編：《香港公營房屋五十年》（香港：中文大學出版社，2003 年），頁 421。

分徙置事務處的職員曾在社會局負責「難民」的登記和篩選工作，部分則曾擔任工務司署的木屋區巡查員。[78]

徙置大廈主要用作安置受火災影響的木屋和天台屋居民，只要他們能向政府證明自己是災民，便可申請輪候搬遷到新建的徙置大廈。[79] 許多「中國難民」都能從徙置計劃中得益。[80] 居於一個標準面積約 120 平方英尺的徙置單位，住戶每月需繳交 14 港元租金，部分人可申請豁免。徙置大廈通常樓高 6 至 7 層，平台則用作康樂用途。[81] 數幢徙置大廈組成「徙置屋邨」，內有小商店、工廠、學校、診所和教會等，可以滿足居民的基本生活需要。徙置大廈最為人詬病之處是單位內欠缺獨立洗手間，而且居住空間頗為狹窄。為了大量安置「難民」，港府著重建屋的速度多於居住的質素。縱使如此，由於人口的快速增長，包括「中國難民」的持續到來和「難民」子女的出生，徙置大廈的興建數量仍遠遠滿足不了實際的住屋需求。

惟需指出，「改善難民和貧民的居住環境」不足以充分解釋公共徙置房屋計劃之產生，港府尚有經濟及政治層面上的考慮。當時港府每月用於救濟木屋火災災民的支出為 5 萬港元，

---

78 Hong Kong Government, *Hong Kong Statistics*, p. 173.

79 Chu, *The Maryknoll Sisters in Hong Kong*, p. 89.

80 Hambro, *The Problem of Chinese Refugees in Hong Kong*, pp. 116-118.

81 Hong Kong Government, *A Problem of People*, pp. 31-34.

從救濟到融合

圖 02-003：1960 年，一名旅客攝於石硤尾徙置屋邨。（圖片由高添強先生提供）

而興建一座徙置大廈則不過 70 萬元，[82] 長遠來說，建屋安置木屋居民顯然更為划算。司馬雅倫（Alan Smart）發現徙置計劃有助於港府騰空木屋區以建造工廠，並加強對福利活動的監控，減少北京藉救濟香港災民而可能出現的政治干預。[83] 科大衛則強調，港府早在 1930 年代已擬定公共房屋計劃，只是由於日本進攻香港才擱置。戰後初期英國執政工黨曾要求港府加快房屋建設，但遭到部分華人領袖的反對。石硤尾大火正好為港府重新施行計劃提供「理由」，也令人忽略倫敦曾對港府的施政施壓。[84] 葛量洪也指出，戰後「難民潮」出現前，「政府已草擬廉租屋邨計劃，以廉租屋邨代替木屋區」。[85] 他們的說法說明徙置計劃的出現源於多方面的因素，但不代表港府的社會服務政策和「難民救濟」的方針有根本性改變。事實上許多救濟重任依然由民間團體承擔，直到 1950 年代中期港府對待「難民」的態度才徹底轉變。

82 Drakakis-Smith, *High Society*, p. 44.

83 Alan Smart, *Making Room: Squatter Clearance in Hong Kong* (Hong Kong: Centre of Asian Studies, University of Hong Kong, 1992), pp. 32-36; Alan Smart, *The Shek Kip Mei Myth: Squatters, Fires and Colonial Rule in Hong Kong, 1950-1963* (Hong Kong: Hong Kong University Press, 2006), pp. 180-192.

84 David Faure, *Colonialism and the Hong Kong Mentality* (Hong Kong: Centre of Asian Studies, University of Hong Kong, 2003), pp. 31-32, 87-89.

85 Grantham, *Via Ports*, p. 154.

港府宣稱徙置計劃代表其「難民政策」的重大改變，[86] 實際上計劃並非專為「中國難民」而設，而是應付包括「難民」在內的平民百姓的龐大住屋需求。不過，計劃也確實反映港府漸漸意識到和接受「難民」將在香港定居的現實，但又難以把「難民」和其他居民作出區分。[87] 骨子裏，港府仍然希望「難民」離開以減輕社會負擔，而非協助他們融入本地社會。港府只是被迫為身處水深火熱之中的「難民」和災民提供最基本的居所，而非全面地大幅增加對「中國難民」的救助。而當港府承擔起徙置責任，也令他有藉口在其他社會福利領域維持保守被動，繼續讓民間團體如宗教組織代為提供各種服務。

中華人民共和國認為西方宗教和帝國主義關係密切，又是危害人民的「精神鴉片」，必須予以掃除。許多原本在內地服務的海外宗教團體，如基督教和天主教教會惟有離開內地，南下香港延續原來的宗教工作。[88] 他們和香港原有的宗教組織及其他慈善團體共同協助戰後資源貧乏的香港社會，為各類有需要的人士提供及時和適切的服務，令 1950 年代被稱作「香港接

86　Hong Kong Government, *Annual Report, 1954* (Hong Kong: Government Printer, 1955), pp. 131-132; Hong Kong Government, *Annual Report, 1959*, p. 3.

87　Chu, *The Maryknoll Sisters in Hong Kong*, p. 106; Hong Kong Government, *A Problem of People*, p. 21.

88　李志剛：〈天主教和基督教在香港的傳播與影響〉，頁 739-782。

受國際援助的黃金時期」。[89] 部分傳教士和其他「中國難民」一起逃至香港，耳聞目睹「難民」的各種苦況，遂不遺餘力地推動救濟。除了建造房屋、天台學校、康樂中心和教堂，還分發各類救濟物資，又在難民營傳福音，兼顧「難民」的物質和精神需要，體現他們服務香港的熱誠。[90] 直到 1952 年 10 月，天主教教會在「難民」聚居地包括調景嶺、馬鞍山、東頭村、鑽石山、九龍仔、長沙灣、牛頭角和柴灣設立 8 個救濟「難民」的中心。[91] 香港天主教福利會聯同美國天主教福利會向難民營捐贈救護車和分派救濟金。神父和修女又派發牛油、食米、奶粉、食油、粟米粉、麵粉、衣服、鞋襪等物資。[92] 宗教組織和民間團體也會互相合作，壯大本身的救濟力量。1954 年，美國援助知識人士協會香港分會、基督教世界服務會、國際救援會、瑪利諾女修會、天主教福利會聯合組建「中國難民」手工業促進會，向本地和海外市場推介「中國難民」製造的手工藝品，[93] 幫助「難民」自力更生。

宗教組織有時也和港府分工合作，發揮各自優勢和善用資

89　冼玉儀：〈社會組織與社會轉變〉，頁 199。

90　邢福增：《願祢的國降臨》，頁 159。

91　基德多（Piero Gheddo）著，香港公教真理學會譯：《白英奇主教傳》（香港：香港公教真理學會，1992 年），頁 114。

92　《工商日報》（1955 年 5 月 30 日）。

93　《工商日報》（1961 年 4 月 27 日）。

源，例如前述石屋的興建便是教會和政府的合作成果。瑪利諾修女早在 1920 年代已在香港提供福利服務，她們對殖民地的情況有深入的了解。「中國難民問題」為戰後香港社會帶來了新的挑戰。九龍東頭村木屋區火災後，瑪利諾修女為 1 萬 7 千名災民修建臨時居所，之後港府再委託修女協助京士柏和何文田徙置區域的救濟工作。朱益宜認為，港府在當時無力處理龐雜的社會事務，因此宗教組織承擔起本應由港府提供的救助服務。修女發覺「難民」不容易適應本地社會，打算在京士柏建立福利中心。為此，修女和神父聯絡負責徙置工作的官員韋輝，促使計劃獲得批准；港府又配合修女的方案改善徙置區的公共設施，包括修築道路、安排巴士路線，以及供應水電等。[94]再如衛理公會和徙置事務處合作在徙置區開設工廠、學校及其他福利項目，並由徙置事務處鋪設道路和提供衛生設施。[95]

　　私人團體也和港府合作為「中國難民」創造就業機會。部分「難民」原是農民，到達香港後卻受制於資金和土地的欠缺，無法繼續務農。為了幫助他們自力更生和過上獨立而有尊嚴的生活，1951 年 9 月 28 日，富商賀理士・嘉道理（Horace Kadoorie）和羅蘭士・嘉道理（Lawrence Kadoorie）兩兄弟建立嘉道理農業輔助會（Kadoorie Agriculture Aid Association），

---

94 Chu, *The Maryknoll Sisters in Hong Kong*, pp. 69-75, 97.

95 邢福增：《願祢的國降臨》，頁 158；《工商日報》（1954 年 6 月 27 日）。

並得到港府農業司署的協調及支持。輔助會為新界本地農民和「中國難民」提供培訓、農資和免息貸款，推廣「助人自助」的積極態度。至 1955 年 5 月底有數百戶「中國難民」得益。[96] 而在 1953 年，在中國寧波出生的歐洲人鮑健士（Gus Borgeest）及其妻創設「日光島計劃」，向港府租借新界離島的周公島，招募「中國難民」到該島耕作和養豬，也有「難民」因而向嘉道理農業輔助會申請貸款。[97] 嘉道理兄弟和鮑健士後來更憑著在社區服務的成就，獲頒發以二戰後菲律賓第三任總統命名的「拉蒙麥格塞塞獎」（Ramon Magsaysay Award）。[98]

---

96 Hambro, *The Problem of Chinese Refugees in Hong Kong*, p. 104；〈嘉道理農業輔助會〉，*https://www.kfbg.org/chi/early-days.aspx*（嘉道理農場暨植物園網站），2019 年 9 月 16 日。

97 《工商日報》（1960 年 5 月 15 日、1961 年 8 月 29 日、1963 年 9 月 20 日）；"A Synopsis of the History of Sunshine Island Project Given by Gus Borgeest in Address at the First Annual General Meetings of the Project," (19 September 1963), *HKRS70-3-629: Sunshine Island (For the Rehabilitation of Refugees)*.

98 "*China Mail*," (15 August 1961), *HKRS70-3-629*; "The Award," *https://www.rmaward.asia/#awardees* (Website of The Ramon Magsaysay Award Foundation), 16 September 2019; "List of Ramon Magsaysay Awardees," *https://www.rmaward.asia/database/lstofrmawardees.php?ccode=HK* (Website of The Ramon Magsaysay Award Foundation), 15 November 2019.

2.3 「中國難民」在調景嶺

　　港府最初估計調景嶺能容納 5,500 名「難民」，而最終 5,900 名「難民」由摩星嶺營遷入。數天後再有 900 名「難民」自行前往調景嶺，令該處「難民」增加至 6,800 人。[99] 和摩星嶺一樣，調景嶺難民營的運作反映港府在 1950 年代初處理「難民問題」的態度和方針。調景嶺從寂寂無聞的邊陲地域發展成自成一派的社區及國民黨宣揚的「反共報國據點」，[100] 這當然並非港府的計劃。調景嶺營的設立和摩星嶺營一樣都是權宜之計，港府無意長期救濟和安置「中國難民」，尤其是國民黨支持者；又曾以為大部分「右派難民」會被遷移至台灣，因此預期調景嶺營可以在 1954 年左右關閉。[101] 在此想法下，港府以「儘量不干預」的態度處理調景嶺的事務。毫無疑問，港府清楚意識到調景嶺濃厚的政治色彩。他希望既暫時滿足「政治難民」的救濟訴求，而又減少北京的猜忌，藉以儘量平衡左右派利益而維持基本中立。[102]

99　Lan, "Rennie's Mill," pp. 108-110.

100　中國大陸災胞救濟總會編：《救總實錄》(第 1 冊)(台北：中國大陸災胞救濟總會，1980 年)，頁 422。

101　Lan, "Rennie's Mill," pp. 1-4.

102　Steve Tsang, *A Modern History of Hong Kong* (Hong Kong: Hong Kong University Press, 2004), p. 158.

港府在調景嶺的主要工作包括由社會局統籌管理難民營的事務、為已登記的「難民」提供膳食，以及由醫務處派遣駐營醫務人員。[103] 社會局設立駐營辦公室整合和協調調景嶺營的日常運作，但只負責行政規劃、制訂規章和維持紀律。為減輕本身負擔，社會局逐漸把營內日常事務交由「難民」、慈善團體和宗教組織處理。[104] 1950 年 6 月 16 日，社會局召集社會賢達和超過 100 個民間團體組成港九各界救濟調景嶺難民委員會（以下簡稱救委會），由東華三院擔當聯絡者。救委會成立時下設徵募組、財務組、宣傳組和總務組，分別由東華三院、金銀貿易場、鐘聲慈善社和華商總會負責組務。[105] 社會局首席助理局長韋輝強調救委會的主要目標是「鼓勵『難民』返回家鄉或前往台灣，由此減少因難民到來而加劇的失業率」。[106] 也就是說，港府並非要求救委會協助「難民」在香港安居樂業。港府也把救委會的日常工作交由民間團體代表擔任的常務委員負

---

103 劉義章：〈宣教士在調景嶺難民營的醫療服務〉，載於劉義章、黃文江編：《香港社會與文化史論集》，頁 117。

104 陳慎慶：〈香港基督新教社會福利事業的發展〉，載於陳慎慶編：《諸神嘉年華：香港宗教研究》（香港：牛津大學出版社，2002 年），頁 353-354；梁家麟：《福音與麵包》，頁 129-139，147-163，165-180。

105《工商日報》（1950 年 6 月 20 日、22 日）；王惠玲：〈救濟、保護與募捐〉，頁 204；劉義章：〈宣教士在調景嶺難民營的醫療服務〉，頁 120；周佳榮、鍾寶賢、黃文江編著：《香港中華總商會百年史》，頁 68。

106《工商日報》（1950 年 6 月 17 日）。

責。救委會初時主要為調景嶺的建屋計劃籌集資金,繼而又和工務司署合作建築營房。[107]

1950 年 9 月,在社會局的鼓勵下,「難民」成立自治辦公室來執行社會局駐營辦公室訂立之守則、維持營內治安,以及處理營內的福利需要。自治辦公室除了主任由社會局駐營辦公室主任兼任,執行日常工作的副主任和職員皆是「難民」,又設有自治糾察隊。部分「難民」亦組成各種義務工作隊和小組,如模範工作隊、山區衛生隊、工程隊、茶水組等等。[108] 社會局慢慢減少對調景嶺的照顧,更決定 1953 年 2 月起停止提供免費膳食,只有 982 名殘廢「難民」獲得豁免。[109] 葛量洪向英國殖民地部表示,救濟調景嶺造成港府沉重的財政壓力,而且聚居大量無所事事的「右派難民」也成為政治隱患。港府藉此迫使「難民」自行解散,甚至離開香港。社會局的決定引起「難民」的強烈抗議,部分人絕食以表不滿。[110] 救委會和宗教組織

107《工商日報》(1950 年 6 月 20 日)。

108 劉義章:〈宣教士在調景嶺難民營的醫療服務〉,頁 117;胡春惠:〈香港調景嶺營的出現與其在歷史上意義〉,頁 540-543;王裕凱主編:《香港調景嶺難民營調查報告》,頁 40-41。

109 梁家麟:《福音與麵包》,頁 41。

110 "Grantham to the Secretary of State for the Colonies," (25 January 1952), *CO1023/117*, p. 399; "Extract from Hong Kong Weekly Intelligence," (2 February 1953), *CO1023/117*, p. 244;《工商日報》(1952 年 9 月 23 日)。

亦請求港府撤銷決定或暫緩執行，但都徒勞無功。[111] 最終，華人領袖和民間團體暫時接續施飯工作。救委會先派發 5,000 斤米，一名善長捐出另外 5,000 斤，滿足調景嶺「難民」大約 10 天的米糧需要。其後，再有本地慈善團體為「難民」提供一星期的食米。[112]

社會局的措施迅速引起右派團體的關注。為確保調景嶺營的存在及維持其「反共基地」的功能，中國大陸災胞救濟總會（以下簡稱救總）宣佈代為提供免費膳食，直到「難民」全部遷往台灣。[113] 救總 1950 年 4 月 4 日在蔣介石的號召下於台北成立，並得到國民黨和美國的資金援助，負責救濟逃離內地的「中國難民」，並聲稱將大量接收到台灣定居。除了救災救難，救總還表明「以救濟團結反共力量」為其重要目標。[114] 救總派員到香港籲請港府繼續施飯，華民政務司署和社會局的官員卻要求救總儘快把「難民」接往台灣，並強調港府因財政負擔和

111《工商日報》（1953 年 1 月 21 日、27 日、29 日）。

112 "Extract from Hong Kong Police Special Branch Summary for January, 1953," *CO1023/117*, p. 200; "Extract from Hong Kong Weekly Intelligence," (2 February 1953), *CO1023/117*, p. 244.

113《香港時報》（1953 年 2 月 2 日）。

114 中國大陸災胞救濟總會編：《救總實錄》（第 1 冊），頁 1-3；吳建平主編：《調景嶺義民反共奮鬥史實》，頁 4；中國大陸災胞救濟總會編：《救總十年》（台北：中國大陸災胞救濟總會，1960 年），頁 1；方治：《我生之旅》（台北：東大圖書，1986 年），頁 95-96。

政治因素無法籌劃長期救濟。[115] 雖然社會局意欲迫走「難民」，卻反而促使救總、救委會，以及右派組織因參與更多救濟而增加乃至強化對難民營之操控。例如，駐營辦公室成立了一所香港社會局調景嶺營兒童學校，但港府只負責委任校長。到 1952 年秋天，學校更開始接受美國和台灣當局的援助。[116] 為避免港府的懷疑，救總和救委會經常強調其工作不帶政治目的，純粹出於人道主義考慮。但隨著港府減少對調景嶺的管理，救委會和救總的關係越來越密切，以至救總後來因和國民黨千絲萬縷的關係而被港府視為「眼中釘」。至於救委會因為由許多香港民間團體組成，加上和社會局繼續合作，救委會仍然是聯繫調景嶺和香港政府的「中間人」。[117]

為消弭社會局減少救濟後之負面影響，救委會無論在組織架構抑或救濟方式上都作出了變更。為了鼓勵和協助「難民」自力更生，救委會建置了工作小組和小型手工業設備。[118] 1953 年 7 月至 8 月，救委會增設生產救濟組和增加委員以擴充規模，從而分為總務、財務、徵募、宣傳、遣送、生產救濟 6 個

---

115 中國大陸災胞救濟總會編：《救總實錄》（第 1 冊），頁 420-425；方治：《我生之旅》，頁 95-101。

116 Lan, "Rennie's Mill," pp. 153-154.

117 Lan, "Rennie's Mill," pp. 153-154.

118《工商日報》（1953 年 9 月 10 日）；華僑日報編：《1954 年香港年鑑》（香港：華僑日報，1954 年），頁 99。

小組。[119] 又規定成年「難民」不獲發物資，[120] 期望他們擺脫對救濟的依賴並參加生產活動，提升調景嶺難民營的經濟力量和社會形象。救委會定期舉辦粵劇表演和藝術展覽等籌款活動，增加社會對「難民問題」的關注；[121] 又憑藉委員廣結脈絡而獲街坊福利會、米商等捐獻物資。例如灣仔街坊福利會通過社會局向救委會捐贈衣物和醫藥用品，救委會也從西環街坊福利會獲贈風扇、帽子和鞋。[122] 透過節流開源以及救總的津貼支援，[123] 救委會為難民營的繼續發展打下了財政基礎，亦令調景嶺由臨時救濟地逐漸發展成長期安置區。而由於和救總的「特殊關係」，救委會也安排部分調景嶺「難民」移居台灣。[124]

另一方面，社會局的消極支援不代表港府對調景嶺的活動置之不理。警務處發現，前國民黨將領計劃在香港進行地下遊擊活動和建立情報收集基地，並打算在調景嶺招攬志願者。[125] 右派勢力的不斷滲透促使社會局和警務處密切監視難民營的動靜，有時更會干預部分救濟活動和組織運作，如以「維護社會

119《工商日報》（1953 年 7 月 9 日、8 月 20 日）。

120 華僑日報編：《1957 年香港年鑑》（香港：華僑日報，1957 年），頁 111。

121《工商日報》（1953 年 9 月 10 日）。

122《工商日報》（1950 年 7 月 15 日、1953 年 4 月 9 日）。

123 "Extract from Press Summaries: *Hong Kong Times*," (1 March 1953), *CO1023/117*, p. 205；《工商日報》（1957 年 3 月 17 日）。

124《工商日報》（1956 年 4 月 15 日）。

125 Lan, "Rennie's Mill," pp. 122-125.

秩序」為由，查禁部分調景嶺的同鄉會和宗親會。[126] 當調景嶺的「難民」越來越意識到自己難以遷往台灣，他們轉為儘力改善生活環境，包括興建較穩固的石屋、學校、診所以及其他社區設施。部分「難民」經營小生意，也有人從事手工藝行業，製造和出售藤類製品和刺繡品。由於當時就業不易，一些「難民」選擇到馬鞍山採礦，也有前國民黨將領被迫從事手工藝品行業，出現「百萬將軍學繡花」的說法。[127] 此外，「難民」謝御群先單獨開闢小路，再於社會局的統籌和其他「難民」的協助下，逐步建成往來調景嶺和九龍東觀塘等地的山路。謝御群也因此獲國民黨稱頌為「築路英雄」。這也可見港府對難民營交通建設的忽視。[128] 但即使調景嶺缺乏港府支持，由於香港民間團體和右派組織的援助，以及「難民」的努力，調景嶺仍然得以繼續建設，到後來，安置人數更超過 2 萬，並且開辦了 3 所幼稚園、9 所小學和 5 所中學，宛如一個自給自足的社區。[129]

---

126 胡春惠：〈香港調景嶺營的出現與其在歷史上意義〉，頁 540-543；王裕凱主編：《香港調景嶺難民營調查報告》，頁 40-41。

127 Lan, "Rennie's Mill," pp. 167-169.

128 《工商日報》（1954 年 9 月 16 日）；劉義章、計超：《孤島扁舟》，頁 113。

129 胡春惠：〈香港調景嶺營的出現與其在歷史上意義〉，頁 543。

2.4 英國政府對待「難民問題」的態度

　　英國和中華人民共和國的關係頗為影響倫敦對「中國難民問題」的取態。二戰後，英國對中國內地的政策主要受經濟因素左右。為了保護中華人民共和國成立後英國在內地和香港的重要商業利益，倫敦決定採取「保留立足點」的外交策略，恢復香港的殖民管治，承認中華人民共和國以維持和北京的交往，進而安撫東南亞的華人以穩定英國在當地的殖民管治。[130] 英國的另一個考慮是北京會否強行奪回香港。倫敦相信，只要一個小小的誤會，就足以令中國人民解放軍有藉口進犯香港，香港弱小的軍力簡直是以卵擊石，根本不可能抵抗。因此，英國的政策是獲取北京的默許以維持香港殖民管治的現狀。倫敦希望和北京保持較友好的關係，所以不想政治敏感的「中國難民救濟」令北京懷疑英國與美國及台灣當局一起藉此進行反共。[131] 對倫敦來說，處理「難民問題」時的首要考慮是減少由此產生的政治尷尬和儘量保持中英關係穩定，而非大規模的援助。

---

[130] Zhong-ping Feng, *The British Government's China Policy, 1945-1950* (Keele, Staffordshire: Ryburn Publishing, 1994), p. 134, 170；余繩武、劉蜀永主編：《20 世紀的香港》（香港：麒麟書業有限公司，1995 年），頁 183-185。

[131] Ian Scott, *Political Change & the Crisis of Legitimacy in Hong Kong* (Hong Kong: Oxford University Press, 1989), p. 46.

意識形態上，英國在二戰時和美國屬於緊密的盟友。戰後英國經濟的復甦仰賴美國的財政援助，美國因而希望英國在有關香港的問題上跟隨華府的政策。例如，英國在美國的要求下壓制蘇聯在香港的活動：倫敦命令港府禁止蘇聯在香港成立領事館，又禁止蘇聯電影的上映。[132] 但與此同時，英國在 1950 年 1 月 6 日承認了中華人民共和國，顯示中英關係不像中美關係般惡劣。英國認為，北京不必然是蘇聯的忠實盟友，但如果資本主義國家過分地孤立北京，則必然令他完全地倒向蘇聯一邊。英國相信，假如和北京保持友好交往，有助阻礙中蘇聯盟的建立。[133]

　　倫敦認同香港的「中國難民問題」十分重要，因為它不但影響香港的殖民管治，更涉及冷戰的政治鬥爭。英國明顯處於進退兩難的局面。一方面，他在政治上承認中華人民共和國，重視在中國內地的英資利益，因此儘量避免在「難民問題」上和中華人民共和國發生衝突。但另一方面，美國是英國的戰爭盟友，兩國同屬西方反共產主義陣營。因此，英國對「難民問題」的處理難以同時討好兩邊陣營，容易「順得哥情失嫂意」。英國不能明目張膽地公開阻礙美國和國民黨在其殖民地香港的「難民救濟」，但又擔心問題被過分政治化而招致北京的猜忌。

---

132 羅永生：《殖民無間道》（香港：牛津大學出版社，2007 年），頁 74-75，77。

133 Welsh, *A History of Hong Kong*, pp. 445-446.

結果，英國消極地處理「難民問題」，藉以儘量減少可能的政治紛爭和外交困窘。

隨著國共內戰的爆發和中華人民共和國的建立，倫敦關注和憂心香港的軍事防衛，以及「難民」會否從內地湧入。1948年11月，小部分國民黨士兵逃往香港，但由於中國內地局勢未明，倫敦和港府決定暫時不處理「難民問題」。[134] 一系列應急計劃其後出台，如1949年1月的「香港緊急防衛計劃」，用以防範中國人民解放軍強行奪取香港或擾亂香港秩序。到1949年3月5日，殖民地部大臣瓊斯（Arthur Jones）和港府討論應否關閉新界北部的海路和陸路邊境，葛量洪則建議英國抗衡中共在香港的活動。同月中共基本控制中國內地，在提交予英國內閣的一份備忘錄中，瓊斯指英軍遠東司令和港府都同意，香港面對的其中一個危機是「大量『難民』經陸路或海路湧入」。[135] 這種看法部分源於歷史經驗：當中國內地出現災禍或變革，內地民眾常逃往香港避難。但過去的經驗也令倫敦和港府以為，即使「難民」滯留，他們也會一如以往，待局勢恢復穩定便重回內地。

由於來到香港的許多「難民」都是「用腳投票」表達對

---

134 Lan, "Rennie's Mill," p. 76.

135 鄭宏泰、黃紹倫：《香港身份證透視》，頁35；劉蜀永主編：《簡明香港史》，頁243-245。

內地統治的不信任，再加上當中不少是國民黨支持者，倫敦擔心香港長時期和大規模的救濟安置「反共政治難民」將引來中共不友善的回應。[136] 其時倫敦和港府都認為最好的方法是令部分「難民」自願重回內地，或是遷往其他國家和地區。至於融合「難民」至本地社會的政策並不可取。[137] 基本上，在 1950 年代初，英國外交部、殖民地部和港府都抱持相同的理念：雖然大批「難民」到達香港，但只要他們重回原居地或遷往「第三國」，便不致為香港帶來社會重擔，而英國和中華人民共和國由此產生的外交尷尬和爭端也自然會隨之結束。

倫敦也關注右派團體和美國方面在香港的救濟工作。倫敦了解到，雖然救總自稱私人組織，但實際上，他一直和國民黨及美國政府關係密切，並接受他們的財政援助。[138] 另一方面，1952 年美國國會議員和國民黨支持者共同成立了援助中國知識人士協會（以下簡稱援知會），向逃亡到香港而生活困難的知識分子及其家屬提供援助，包括安排工作和協助遷移他們至美國、台灣地區和東南亞等地。援知會的運作其後受到美國政

---

136 趙綺娜：〈冷戰與難民援助〉，頁 68。

137 "From the Secretary of State for the Colonies to the Officer Administering, the Government of Hong Kong," (19 March 1953), *CO1023/117*, p. 208; "From Foreign Office to Geneva," (27 April 1953), *CO1023/117*, p. 165；《工商日報》（1953 年 4 月 30 日）。

138 "Grantham to the Secretary of State for the Colonies," (23 October 1957), *CO1030/778*, p. 87.

府的控制。[139] 1952 年 3 月至年底，援知會為 1 萬 5 千名「難民」知識分子進行登記和篩選。[140] 到 1954 年，美國駐香港領事館的難民和移民部又成立「美國遠東難民計劃」。[141] 某種程度上，上述機構和計劃都利用「難民救濟」進行反共活動。救總和援知會尤其關注和干預調景嶺難民營的事務，這不能不引起倫敦的重視。

透過港府的彙報，倫敦了解到調景嶺是個潛在的政治危機。難民營和台灣當局有密切聯繫，調景嶺「難民」甚至可能會凝聚和擴張成為一股強大的反共力量。至於援知會在 1953 年後從美國政府獲得大量財政援助，反共立場也越來越清晰。倫敦提醒港府對援知會的運作保持警惕，以免北京以為英國為美國在香港的「難民救濟」和反共活動推波助瀾。這也反映出冷戰時期英美兩國對待中華人民共和國時存在重大的分歧和差異。[142]「三一事件」的發生更加深了倫敦對「難民問題」的憂慮。

---

139 趙綺娜：〈冷戰與難民援助〉，頁 65-108；Peterson, "Crisis and Opportunity," pp. 157-158.

140 "Background Information," (12 April 1954), *CO1030/381*, p. 101; High Commissioner's Advisory Committee on Refugees, *Report by the High Commissioner Concerning the Question of Chinese Refugees in Hong Kong*, p. 3.

141 "Ext. from *Hong Kong Tiger Standard*,"(4 April 1963), *HKRS890-2-18: Immigrants in Hong Kong - World Refugee Year (R.M.U.) (U. S. Aid) - Schemes for Assistance by the Refugee and Migration Unit of U. S. Consulate General (Surplus Food Staffs), 10.08.1960-13.01.1968.*

142 Peterson, "To be or not to be a Refugee," p. 185.

1951 年 11 月 21 日，九龍東頭邨木屋區的一場大火焚毀超過 3,000 間木屋，導致 1 萬 5 千人無家可歸。[143] 火災後廣州組織了一個慰問團，計劃到香港探訪災民。1952 年 3 月 1 日，慰問團宣佈取消當天訪港的行程，原本打算在邊境通道歡迎慰問團的香港民眾解散時和警察發生衝突。該「三一事件」引發了一場中英外交風波。[144] 事件發生後 3 天，《人民日報》發表題為〈抗議英帝國主義捕殺香港的我國居民〉的評論，指責「……這（三一事件）充分表現了英帝國主義是在繼續順從美國的意旨，蓄意迫害香港的我國人民，以圖實現其把香港變為帝國主義侵犯我們的基地的陰謀……」[145] 香港《大公報》翌日轉載了該社論，結果受到港府的嚴厲懲罰，《大公報》被禁止出版，編輯也受到懲處，理由是發表煽動性的言論。港府的做法引起北京的不滿，總理周恩來強調《大公報》是中國人的報紙，如果中國人不能在中國人的地方香港出版自己的報紙，北京會考慮改變對香港的方針。[146]

　　「三一事件」令北京更加懷疑「英帝國主義的陰謀」，加深了對香港「難民救濟」的顧慮。1952 年 4 月 24 日廣東的《南方日報》報導，根據蘇聯塔斯社轉載自紐約記者的消息，英國

---

[143] *South China Morning Post* (22 November 1951)；《大公報》（1951 年 11 月 22 日）。

[144] 《大公報》（1952 年 2 月 9 日、3 月 1 日、3 月 2 日）。

[145] 《人民日報》（1952 年 3 月 4 日）；《大公報》（1952 年 3 月 5 日）。

[146] 周奕：《香港左派鬥爭史》，頁 94。

已同意美國國務卿艾奇遜（Dean Acheson）的建議，英美兩國合作透過香港的「中國難民救濟」機構，進行顛覆中華人民共和國的活動。[147] 姑勿論報導是否真確，但倫敦應已開始關心北京會否乘機干預「難民救濟」和香港事務。倫敦也希望援知會專注於「難民」知識分子的移居，而非在香港推動大型的救援計劃或嘗試把「難民」和其他居民整合。倫敦相信這只會令北京更加疑慮。而且，倫敦認為大規模救助也不能真正有效解決香港的「難民問題」，反而會淪為政治宣傳和鬥爭的工具。[148] 因此，當其後援知會取消在香港的大型救濟，只專注安排小規模的「難民」知識分子移居台灣時，英國外交部對此感到滿意，認為援知會順從倫敦的意願來改變工作方向。[149]

倫敦也儘量不介入美國和台灣當局在香港的「難民救濟」。「三一事件」後，葛量洪曾建議倫敦向美國尋求對「中國難民」更多的援助，認為這不但有助紓緩「難民」苦況，而且可以還擊「三一事件」後北京對倫敦和港府的指責。葛量洪當然知道北京視英美等西方國家的「難民救濟」為反共活動的一部分，他的建議在倫敦看來漠視了北京乃至英國的疑慮，甚至有點不理後果，因此沒有得到倫敦的同意。[150] 在 1952 年末，一封交予

147《南方日報》（1952 年 4 月 24 日）。

148 "MacGinnis to Addis," (8 September 1953), *CO1023/117*, p. 137.

149 "MacGinnis to Addis," (22 September 1953), *CO1023/117*, p. 130.

150 Mark, "The 'Problem of People'," p. 1158.

殖民地部大臣利特爾頓（Oliver Lyttelton）的電報中，葛量洪承認援知會給予任何組織的直接援助都令左派分子有藉口在香港進行「政治剝削」。[151] 雖然葛量洪最終也得聽命於倫敦，但港府和倫敦在「難民問題」上似乎開始出現一些分歧。

1953 年，聯合國委派漢布茹（Edvard Hambro）率領調查團到香港考察「中國難民問題」，其目的是收集「難民」數據、研究可行的解決方法，以及向聯合國難民署提交調查報告。[152] 調查團獲得美國福特基金的贊助，而且和國民黨關係密切。救總在調查團抵港時派人迎接，又委託研究員向調查團提供有關「難民問題」的數據資料。[153] 港府對調查團頗為提防，擔心考察活動其實受到美國和「中華民國」的操控，港府若處理不當，可能令調查變成反共材料的搜集。因此，葛量洪要求調查團「不要有強烈的反殖民傾向」，而且要和港府官員合作。[154] 和港府一樣，英國殖民地部要求調查團集中於客觀和平實的「中國難民問題」分析，而非引人注意的政治宣傳。[155] 倫敦和

---

151 "Grantham to the Secretary of State for the Colonies," (22 November 1952), *CO1023/117*, p. 304.

152 "Kullmann to the Under Secretary of State for the Colonies," (2 December 1953), *CO1023/117*, p. 106.

153 《工商日報》（1954 年 5 月 22 日）；林芝諺：《自由的代價》，頁 333-334。

154 Holborn, *Refugees: A Problem of Our Time*, pp. 125-134.

155 "Buxton to Grantham," (9 December 1953), *CO1023/117*, pp. 93-94.

港府都十分注意調查團在香港的一舉一動。[156] 港府小心監察及與其保持接觸，期望調查行動不會摻雜不穩定的政治要素。說到底，港府並不渴求聯合國難民署對「中國難民」的高度關注和大型援助，只期望「難民」儘快離開，並由民間團體為暫居者提供救濟。

1954 年 11 月，調查團向難民署提交名為《香港中國難民問題》(*The Problem of Chinese Refugees in Hong Kong*) 的報告，內容提及當時的「中華民國」是中國在聯合國的代表，因此逃到香港的內地民眾實際上可以前往台灣尋求保護，他們因而沒有難民的法律地位，也不在難民署的救助範圍。另外，雖然英國是《公約》的簽字國之一，但沒有把《公約》延伸至香港行使，令報告質疑香港的「中國難民」有否資格獲得難民署的法律保護和物質援助。但是，報告又指香港是英國殖民地，而英國政府早在 1950 年 1 月已承認中華人民共和國，令在港的「難民」無法得到「中華民國」的「外交保護」。因此報告稱香港的「中國難民」為「實際上的難民」。[157]

報告就處理「難民問題」列出幾項建議，包括加快建屋進度、創造就業機會、把「中國難民」整合到本地社會等。[158] 港

---

156 Peterson, "To be or not to be a Refugee," pp. 173-175.

157 Hambro, *The Problem of Chinese Refugees in Hong Kong*, pp. 32-40; "Dodds to Harris," (6 December 1954), *CO1030/382*, pp. 118-123.

158 Hambro, *The Problem of Chinese Refugees in Hong Kong*, pp. 111, 118-119.

從救濟到融合

府基本同意報告的數據，但對整合建議感到失望。[159] 這也再次證明，1953 年後的徙置計劃不代表港府改變其對「難民」的基本態度，港府沒有打算把「難民」轉化成為香港居民。徙置計劃只是回應木屋區頻繁大火的應急措施。對於報告建議適當安置「中國難民」，倫敦同樣不認同，認為那很可能損害英國和中華人民共和國的關係以及香港的殖民管治。[160] 英國殖民地部堅持救濟和融合計劃都並非解決「難民問題」的最適當方法，[161] 目的是避免美國和台灣方面的過分參與。港府也不希望香港社會成為一個「政治難民」活躍的「反共基地」，因此1950 年代初港府和倫敦雖曾有分歧，但態度基本一致，不想「難民問題」被過分政治渲染，所以密切監視右派組織、美國以至聯合國難民署在香港的救濟和調查工作。其時港府和倫敦也都強調融合政策的不可能，但歡迎「第三國」收容「中國難民」。[162] 無論如何，報告呈交後聯合國很快便開會討論。雖然關於「中國難民」的法律地位懸而未決，各國間的猜疑和矛盾也沒有減少，[163] 但透過報告的描述，聯合國會員國對「難民問題」

159　Mark, "The 'Problem of People'," p. 1162.

160　"Dodds to Harris," (6 December 1954), *CO1030/382*, p. 123.

161　"From the Secretary of State for the Colonies to the Officer Administering the Government of Hong Kong," (12 December 1953), *CO1023/117*, p. 88.

162　Holborn, *Refugees: A Problem of Our Time*, p. 687.

163　Peterson, "To be or not to be a Refugee," p. 171.

有了基本認識，較多認同逃往香港的內地民眾生活艱苦，急需救援。

2.5　小結

　　港府以為第二次世界大戰後的「中國難民問題」會歷史重演，亦即「難民」不會在香港定居，而是待政局穩定便重回內地，又或是遷往台灣；加上不希望吸引更多新來者，以及顧慮北京的反應，因此 1950 年代初期，港府拒絕積極援助「中國難民」，又甚少實行遣返，而是鼓勵「難民」自行離去和尋求「第三國」的收容，並且在 1950 年實施入境管制。不過，轉送「第三國」的「難民」數量不多，也繼續有內地民眾偷渡來港。

　　由於港府的被動態度，商人、慈善團體和宗教組織代替港府成為「難民救濟」的主要力量。東華三院的臨時救濟、摩星嶺和調景嶺難民營的設立和管理、木屋區火災的善後等除了反映港府的消極不干預，也再現戰前香港的官民聯合救助形態。港府在石硤尾大火後實行徙置房屋計劃，但不代表其「難民政策」有重大改變，建屋目的尚包括「難民」安置以外的政治和經濟考慮。港府仍然希望「難民」儘快離開，化解人口危機。「秧歌舞事件」和調景嶺難民營的發展反映了「右派難民」對香港的影響，後者更是了解「中國難民問題」的重要場所。傳教

士、救委會、救總等取代港府管理調景嶺，體現了人道主義的精神，減輕了港府的負擔，卻也顯現出國民黨和美國「難民救濟」背後的反共動機。

倫敦主要以英國整體利益和國際政治形勢為準則分析香港的「中國難民問題」，希望維持和美國等西方國家的關係，又儘量不要冒犯北京。1956 年前，倫敦和港府的態度大致接近，都認為要把救濟責任儘量交予民間團體，不同意長期安置「中國難民」。與此同時，他們又十分關注「難民救濟」可能產生的政治危機和外交風波，尤其是會否打擊中英和中國內地與香港的關係。因此，倫敦和港府對 1954 年考察香港「中國難民問題」的聯合國調查團十分警惕，也不認同調查團提出的安置和融合建議。

3.1 「難民問題」和香港社會的轉變

　　1955 年至 1956 年，港府對待「中國難民」的態度出現重大變化，開始提出整合「難民」至本地社會的理念。其時葛量洪強調必須加強「難民援助」，而且不能夠也不應該把「難民」和其他居民作出區分，[1] 從而把「中國難民」融入社區。[2] 他又認為，嘗試在香港這一華人社會區分內地「難民」和非「難民」是不切實際的；而只把資源主要用於「難民救濟」也對其他香港居民不公平。葛量洪在他的回憶錄中提及，「自從認識到難民會（在香港）扎根，不會重返中國內地或前往其他地方，政府的政策便是把他們融合到社區。因為他們佔 300 萬總人口的 100 萬，不難想像，需要數年時間才能達成這目標」。[3] 1956 年至 1957 年間，葛量洪經常在不同場合強調「中國難民」處境危急，努力爭取外界援助。在 1957 年初的立法局演說中，葛量洪稱讚民間團體的救濟貢獻，也婉轉地批評聯合國難民署和英國政府對「難民問題」的被動，他如此說道：

　　　　我們的成就有目共睹。但同樣引人關注的是，我們從

1　Hong Kong Government, *A Problem of People*, p. 17.

2　Grantham, *Via Ports*, p. 154.

3　Grantham, *Via Ports*, p. 154.

外界只獲得了很少的援助。我知道，也非常感激志願團體給予大量的和慷慨的援助。只是（「難民」）問題太大，不是志願團體和我們能單獨解決的。[4]

同時，葛量洪也不忘提防其他國家或地區利用「難民援助」來達到政治目的：「我希望事情（『難民問題』）會被當作一個人口問題，而不是一場政治競爭的遊戲來處理。」[5]

時任香港輔政司白嘉時（Claude Burgess）後來指，港府大約在 1955 年和 1956 年間打算實行整合政策。當時，「難民」這一字眼已在官方的「辭彙」中消失。[6] 亦即是說，香港不是沒有了「難民」，而是「難民」不再被視作獨立的群體，他們和香港其他居民是同一個整體，被政府同等對待。港府這種從被動救濟到主動整合的態度改變肇基於多項原因，這當然和 1950 年代中期香港的內部和外部環境有關。

首先，「中國難民」帶來的社會問題依舊嚴重。1955 年香

4　Hong Kong Legislative Council, "Hong Kong Hansard: Reports of the Sittings of the Legislative Council of Hong Kong, 27 February 1957."

5　Hong Kong Legislative Council, "Hong Kong Hansard: Reports of the Sittings of the Legislative Council of Hong Kong, 27 February 1957."

6　Hong Kong Legislative Council, "Hong Kong Hansard: Reports of the Sittings of the Legislative Council of Hong Kong, 13 June 1962," *http://www.legco.gov.hk/1962/h620613.pdf* (Online Records of the Legislature), 5 September 2019.

港有 3 萬人露宿街頭，其中不少是「難民」。[7] 即使港府實行徙置計劃，木屋的數量仍從 1949 年的 3 萬間大幅增加到 1956 年的 30 萬間，[8] 主要原因是人口繼續高速增長。「難民」未如港府預期般很快離開，大部分都無可奈何地留在香港，如許多「右派難民」未被送至台灣而繼續聚居調景嶺。而美國也對「中國難民」入境有嚴格篩選，且名額不多；國民黨為保留調景嶺作「反共活動基地」以及避免財政負擔和間諜滲透，更於 1954 年以後大幅減少接收「難民」。

港府也越來越重視人口問題對社會發展的影響。因為非法入境呈現減少的趨勢，1956 年 2 月 10 日，香港和中國內地同意調整出入境措施，港府暫停對廣東籍居民入境的配額限制，入境人數不用等同於出境人數。結果到同年 9 月 2 日，81% 的民眾進入香港後沒有返回內地，令香港增加了 5 萬 6 千名新來者。這迫使港府恢復配額措施。[9] 這說明在 1950 年代中期，仍有許多內地民眾渴望到香港生活。這也提醒港府「難民潮」會隨時重現，加重殖民地的負擔和人口壓力。尤其是徙置房屋供不應求，「難民」搭建的木屋又再增加，港府承認徙置進度必須

---

7 "From Mount to McArd," (8 July 1955), *CO1030/383*, p. 79.

8 Hong Kong Government, *A Problem of People*, pp. 14-15; Hong Kong Government, *Annual Report, 1956* (Hong Kong: Government Printer, 1957), p. 16.

9 "Announcement on Immigration Control," (31 August 1956), *CO1030/384*, p. 38; Endacott and Hinton, *Fragrant Harbour*, p. 95.

進一步加快。[10]

在 1956 年的官方年報中，港府將「人口問題」（A Problem of People）列作獨立篇章，其後更印製成單獨的小冊子出版，介紹香港人口問題的嚴峻以及社會各界的努力應對，也暗示港府將更積極地處理該問題。「人口問題」提到，戰後大批新來者令香港在住屋、衛生、教育、福利、治安等方面都出現不少問題。隨著香港經濟逐漸轉型為工業主導，加上農地減少，港府應該協助「中國難民」變成符合社會發展和經濟需要的工人，從而改善他們的生活水平。[11]

1956 年的「雙十暴動」則展現「難民」為社會帶來的政治衝擊。1956 年 10 月 10 日，當天是「中華民國」國慶日，按照慣例，居港的「右派難民」大量懸掛「中華民國」國旗慶祝。不過，九龍長沙灣李鄭屋徙置屋邨的一名職員卻以「港府禁止掛旗」為由，把許多面「中華民國」國旗扯下，引起「右派難民」不滿。他們和徙置屋邨的職員以及前來調查的警察發生口角，最終演變成暴力事件，部分左派工人被襲擊致死。三合會成員又乘機鬧事，令暴動擴展至大坑東、油麻地、九龍城、土瓜灣和荃灣等地，又以荃灣的情況最為嚴重。「雙十暴動」最終在 11 月 14 日結束，事件共造成 60 人死，300 人傷，超過 1,000

---

10 "From Mount to McArd," (8 July 1955), *CO1030/383*, p. 79.

11 Hong Kong Government, *A Problem of People*, pp. 1-30.

人被捕，部分被驅逐至台灣。[12]

由於左派人士被攻擊，「雙十暴動」引起北京的關注。10月13日，周恩來強烈譴責英國，要求香港政府鎮壓暴動。在當天以及10月16日，周恩來甚至兩度「提示」，假如港府無法適當處理事件，北京願意「出手相助」。[13] 1957年1月1日，港府發表事件的調查報告《九龍及荃灣暴動報告書》，指責三合會成員要為「雙十暴動」負主要責任，又指沒有證據顯示「右派難民」有計劃地發動暴動攻擊左派人士。不過，報告書也強調，不少「難民」為追求更好的生活而離開中國內地，但抵達香港後生活卻依然困苦，因此「難民」開始失望以至不滿，進而被不法分子利用。港府警告不久的將來可能再有同類事件爆發。[14] 事實上，暴動中迅速擴散的暴力行為反映社會累積的不滿，也顯示居港「難民」的狀況需要正視。更令港府留意的是，北京可能以香港左派人士受威脅為藉口干預香港事務，這當然是英國人不願見到的。

---

12 Hong Kong Government, *Report on the Riots in Kowloon and Tsuen Wan, October 10th to 12th, 1956, together with Covering Despatch Dates the 23rd December, 1956, from the Governor of Hong Kong to the Secretary of State for the Colonies* (Hong Kong: Government Printer, 1956)；劉蜀永主編：《簡明香港史》，頁273；周奕：《香港左派鬥爭史》，頁152；《大公報》（1956年10月10日–12日、14日）。

13 《大公報》（1956年10月14日）；劉蜀永主編：《簡明香港史》，頁273；周奕：《香港左派鬥爭史》，頁152。

14 Hong Kong Government, *Report on the Riots in Kowloon and Tsuen Wan*, p. i, iii.

從救濟到融合

圖 03-001：1956 年「雙十暴動」期間，深水埗欽州街一輛汽車遭縱火。（圖片由高添強先生提供）

港府承認「右派難民」參與「雙十暴動」除因受到唆使煽動，亦源於對社會的不滿，[15] 是對「難民」照顧不足帶來的惡果，使港府就此開始改變對「中國難民」的態度和政策。1957年2月，葛量洪在立法局不諱言「難民」和「雙十暴動」息息相關，他強調為保持社會安穩，政府必須令「潛在的麻煩製造者」變成「守法盡責的市民」。[16] 其時港府考慮增加香港的內部防衛力量，倫敦卻計劃縮減駐港英軍的規模，這促使葛量洪進一步評估香港的內部安全，包括「中國難民」的影響。到1950年代中期，港府漸漸清楚「中國難民」會以香港為家，也明白惟有把「難民」融入到社會，消滅他們的難民心態，增強他們對香港的歸屬感，才是治本之法，才有助於推動香港的穩定發展。當然，如此的整合政策需要大量的財政資源，包括外界的援助。

1950年代中期以來香港經濟的發展為長期安置「難民」提供資金，而快速工業化亦有助於把「難民」引入本地勞動市場。1953年至1954年香港經濟起飛，港府累積的財富逐漸增加。[17]

---

[15] Hong Kong Government, *Report on the Riots in Kowloon and Tsuen Wan*, p. i, iii.

[16] Hong Kong Legislative Council, "Hong Kong Hansard: Reports of the Sittings of the Legislative Council of Hong Kong, 27 February 1957."

[17] 饒美蛟：〈香港工業發展的歷史軌跡〉，載於王賡武主編：《香港史新編》（上冊），頁385；Felix Patrikeeff, *Mouldering Pearl: Hong Kong at the Crossroads* (London: G. Philip, 1989), p. 44.

一方面，勞工密集型的工業為「難民」提供了許多工作機會。另一方面，經濟的成長令港府有條件發展和改善社會服務。香港的經濟模式逐漸由轉口貿易轉為輕工業，工商界人士普遍認同整合「難民」和發展工業互為因果、相得益彰。商人希望利用大量的「難民」勞動力促進工業的進一步發展；「難民」有了工作，便會覺得可以在香港安居樂業，從而協助實現港府的融合目標。1957 年 4 月 9 日，香港工商界領袖余達之呼籲聯合國難民署援助「中國難民」，又建議港府拓展對外貿易和加快工業建設，利用國際捐款建造工廠，為「難民」創造更多職位。[18] 余達之的意見代表不少社會領袖的聲音，他們要求港府改善工業設施和促進工業發展，藉此緩解香港的「難民問題」。[19] 他們的想法和政府不謀而合：應急式的救濟已不合時宜，而惟有經濟持續增長才能把「難民」融合到社會，也才能徹底解決問題。為此，港府積極改善基建，例如興建道路和廠房、更新水管和其他配套設施，從而為工業經濟的發展提供適合的環境。[20]

---

18 《星島日報》（1957 年 4 月 10 日）；"From New York to Foreign Office," (22 April 1957), *CO1030/777*, p. 106.

19 "Extract from *South China Morning Post*," (3 June 1959), *HKRS41-1-9893: Press Cuttings Concerning United Nations World Refugee Year, 28.05.1959-07.10.1959*, p. 5; Hong Kong Legislative Council, "Hong Kong Hansard: Reports of the Sittings of the Legislative Council of Hong Kong, 26 March 1958," *http://www.legco.gov.hk/1958/h580326.pdf* (Online Records of the Legislature), 20 October 2006.

20 Tsang, *A Modern History of Hong Kong*, p. 165.

1957 年 7 月，葛量洪與英國官員討論香港事務時，強調港府每年動用 2,000 萬港元進行救濟，仍滿足不了「難民」的需要。他又指倫敦沒有主動協助港府處理「難民問題」。[21] 葛量洪的言論在英國全國廣播，也令英國國民和國際社會加深對香港「難民救濟」的認識。1958 年，港府以社會局為基礎成立規模更大、功能更全面的社會福利署，下轄 7 個部門，包括兒童福利組、青年福利組、婦女德育組、懲教組、特種福利事務組、勞工意外傷亡調查組，以及緊急救濟組。[22] 其工作範疇由社會局時期僅負責「緊急救濟和協調監督」擴充至「社區服務拓展和青年福利建設」，[23] 服務對象不分「中國難民」和其他香港居民，反映出革新後的社會福利工作和「難民」整合計劃相輔相成：既幫助「難民」適應香港生活，又擴大社會福利服務規模。港府又改良徙置大廈的設計，令地下樓層可用作課室，提供比天台頂層更合適的學習環境。社會福利署和徙置事務處又在新舊徙置區增建更多商店、診所、庭院等設施，並且計劃設立社區中心。[24]

---

21 湯開建、蕭國健、陳佳榮主編：《香港 6000 年：遠古—1997》（香港：麒麟書業有限公司，1998 年），頁 684。

22 Ho, *The Administrative History of the Hong Kong Government Agencies*, p. 210；華僑日報編：《1958 年香港年鑑》（香港：華僑日報，1958 年），頁 117。

23 劉蜀永主編：《簡明香港史》，頁 270。

24 Hong Kong Government, *Annual Report, 1959*, p. 7; Hong Kong Government, *A Problem of People*, p. 33.

新任港督柏立基（Robert Black）承認香港過去未積極宏揚社區精神，而社區中心的開設可彌補該缺失，增加居民對自己社區人和事的認識和熱愛。[25] 和葛量洪的想法一致，柏立基也常常強調「難民」和其他居民沒有分別，兩者都面對同樣問題。[26] 白嘉時也指出，單純的「難民救濟」已不符合社會需要，「難民問題」的處理取決於香港工業的發展程度。[27] 他們的意思是，港府期待工業的繼續繁榮令香港的生活水平和社會服務都不斷改善，如此則所有居民都能從中得益。基本上，其時港府已放棄保守被動的「難民政策」，不只提供短期救濟，更要透過福利服務和康樂設施強化他們對香港的認同，消減他們的暫居心態。例如藉著社區活動的舉行，令參與的「難民」和其他居民破除隔閡，互相認識。[28]

港府也明白，整合計劃要取得成功，必須繼續控制人口的增長，尤其是非法入境的數目。1958 年 11 月，港府公佈新修訂的《人民入境（管制及罪行）條例》，加入了處理非法入境的細節條款。條例訂明非法入境和協助非法入境都是一項罪行，並重申港府可以扣留及遞解被拒絕居留的偷渡者，從而也

---

25 "Black to Snellgrove," (31 December 1958), *CO1030/781*, pp. 292-293.

26 "Black to Scott," (7 April 1959), *CO1030/781*, p. 148.

27 Mark, "The 'Problem of People'," p. 1179.

28 Holborn, *Refugees: A Problem of Our Time*, p. 676.

為日後的大規模遣返行動提供了法律基礎。[29] 港府並在 1959 年
12 月接受英國內政部專家考察香港後的意見，決定將人民入境
事務處從警務處分拆出來，成為一個獨立的部門，處理出入境
事宜。新的人民入境事務處最終在 1961 年 8 月 4 日成立。[30]

　　1960 年，港府把棲居東華三院的「難民」全部遷徙至佐
敦谷和牛頭角徙置區，期望他們由單純的被救濟者，變成自力
更生並融入本地社區的普通居民。[31] 而到了 1961 年 6 月，徙置
事務處宣佈將把調景嶺難民營重建成為平房徙置區，[32] 可說是港
府「難民」整合計劃的重要措施。到了 1950 年代後期，調景嶺
難民營逐漸發展成為一個自給自足的社區，並且擺脫了港府的
控制，和台灣方面關係密切，也成為右派勢力在香港的重要據

29　H. Y. Chen, "The Development of Immigration Law and Policy: The Hong Kong
　　Experience," *McGill Law Journal*, Vol. 33, No. 4 (1988), p. 641; Chan and Rwezaura, eds.,
　　Immigration Law in Hong Kong, pp. 8-9; Hong Kong Legislative Council, "Hong Kong
　　Hansard: Reports of the Sittings of the Legislative Council of Hong Kong, 25 June 1958,"
　　http://www.legco.gov.hk/1958/h580625.pdf (Online Records of the Legislature), 18
　　August 2015; "Subject: -Headquarters Order NO.159 of 1963 Part One," *HKRS437-1-4:
　　Illegal Immigration, 30.03.1962-13.04.1967.*

30　Immigration Department of Hong Kong, *Annual Departmental Report for the Financial
　　Year 1966/67* (Hong Kong: Government Printer, 1967), p. 3；香港入境事務處：《入境
　　事務處五十周年紀念，1961-2011》（香港：入境事務處，2011 年），引言。

31　東華三院百年史略編纂委員會：《東華三院百年史略》（香港：香港東華三院庚戌
　　年董事局，1970 年），頁 94。

32　Holborn, *Refugees: A Problem of Our Time*, p. 681.

點。另外由於交通配套的改善，調景嶺「難民」前往市區變得方便，這令他們能夠對社會產生直接的影響甚至威脅。港府擔心類似「雙十暴動」的事件又再發生。為防患未然，並且落實整合政策，港府決定利用大規模的改造，把調景嶺變成一個普通的徙置區，從而減少其獨特性和政治色彩。[33]

調景嶺「難民」強烈反對該計劃。對他們來說，雖然調景嶺初時的環境惡劣，但經過各方的努力奮鬥，到 1960 年代初，「難民」生活已大有改善，因此重建是不必要的。「難民」更擔心，港府所謂的「重建計劃」只是為了把他們趕走。因此，「難民」舉行請願大會，又和華民政務司麥道軻（John McDouall）會面，希望政府能撤銷決定。[34]「難民」代表期望調景嶺繼續成為一個獨立的社區，認為港府的融合政策只會適得其反，令「難民」失去保護，更易受左派人士的襲擊。[35]

港府官員頗有策略地先接觸救委會和志願團體，解釋港府的政策；得到他們支持後，再由他們勸解調景嶺「難民」接受重建。與此同時，徙置事務處處長莫里臣（Colin Morrison）代表港督柏立基解釋重建的好處，強調重建後調景嶺居民能和香港其他居民獲得政府同等的照顧和援助。[36] 莫里臣又和「難民」

33　Lan, "Rennie's Mill," p. 218, 232.

34　Lan, "Rennie's Mill," p. 226.

35　《工商日報》（1961 年 6 月 6 日）。

36　《工商日報》（1961 年 6 月 20 日）；Lan, "Rennie's Mill," p. 218.

達成協議，准許他們無限期在調景嶺居留，且日後若因社會發展而需搬遷，港府也會協助安置，釋除「難民」最大的疑慮。經過多次磋商，再加上 1962 年颱風溫黛把調景嶺 9 成的木屋摧毀，「難民」認為重建計劃能為他們提供較安全的房屋，[37] 終於接受方案，抗議行動也隨之結束。

對「難民」來說，新的調景嶺徙置區利弊參半。「難民」的居住環境確實得到改善，港府改進電力供應、交通配套和衛生管理，而防火設施和學校的醫療設備也達到了政府指定的標準。不過，調景嶺也失去了原有的獨立性。港府加強管制調景嶺的內部組織和運作，包括改由徙置事務處管理調景嶺事務，表明調景嶺已非難民營，而是香港眾多徙置區的其中一個。「難民」也不能再如以往般私自興建房屋，而是需事先得到徙置事務處的批准。港府又正式把「難民」登記成為「居民」，「去除」他們的「難民」身份，削弱他們的「難民」意識。[38] 上述種種措施都是為了鼓勵「難民」視自己為本地居民，並且以香港為家。

---

37 劉義章、計超：《孤島扁舟》，頁 244；〈香港歷史系列 II：調景嶺歲月〉，*https://podcast.rthk.hk/podcast/item.php?pid=285&eid=10439&year=2011&lang=zh-CN*（香港電台網站），2019 年 11 月 3 日。

38 Lan, "Rennie's Mill," pp. 218-232；林芝諺：《自由的代價》，頁 344。

3.2 香港政府和英國政府就「難民援助」的磋商與分歧

　　港府新的「難民」應對政策強調救濟力量的增強和整合措施的推行，這需要提供大量基礎設施和社會服務。葛量洪也強調，融合政策帶來一個問題，那就是如何籌措足夠的財政資源。作為宗主國，英國拒絕就此為香港提供經濟援助。倫敦一直側重從外交角度權衡香港的「中國難民問題」，他擔心積極救濟令北京猜忌，[39] 因此不願接收「中國難民」到英國，[40] 亦甚少撥款支援港府。1950 年代初期，英國殖民地部、外交部和港府對待「難民問題」的態度基本一致，但 1955 年以後雙方漸生矛盾爭拗：葛量洪要求倫敦提供更多資源以協助港府開展新的「難民」整合行動，但倫敦因繼續原有立場而婉拒。

　　直到 1950 年代末，倫敦都極少對香港的「難民問題」施以援手。即使倫敦經常強調「支援香港政府的所有施政」，[41] 實際上只曾在石硤尾大火後的 1954 年 1 月給予 320 萬港元協助安置災民。這不過是跟隨美國為大火災民提供救濟，除此之外倫敦沒有再為港府提供額外的財政援助。歸根結底，倫敦認為香

39　Scott, *Political Change & the Crisis of Legitimacy in Hong Kong*, p. 46.

40　Holborn, *Refugees: A Problem of Our Time*, p. 679.

41　"A Reply Letter of Lennox-Boyd," (31 May 1957), *CO1030/778*, p. 353.

港能自行善後和處理「難民問題」。[42] 就算國際社會開始提議救助「中國難民」，倫敦也毫不熱心，敷衍了事。不過，「難民危機」出現在香港而非英國，港府難以坐視不理。

葛量洪於 1957 年出訪倫敦，目的是尋求英國對「難民」整合計劃的支援、削減香港需要繳納的軍費，以及增強香港的防衛能力。在該趟官方旅程中，葛量洪批評倫敦不支持港府的救濟，甚至流露出自己的不滿。葛量洪曾與英國殖民地部、外交部、以及國防委員會的官員召開會議。倫敦和港府對於香港的軍費支出問題有不同意見。[43] 葛量洪建議倫敦不再向香港徵收駐港英軍軍費，認為這樣可以一舉兩得：既節省港府開支以間接協助港府處理「難民問題」，又可鼓勵聯合國難民署提供更多援助。葛量洪指出，港府每年向英國上繳的軍費，金額等於港府三分之一的財政盈餘，倫敦卻沒怎麼幫助香港的「中國難民」。葛量洪認為如此多的軍費是不合理的，又強調如果外國知悉英國對香港的「難民救濟」視若無睹，將是一件丟臉的事。[44] 但倫敦最終還是拒絕了葛量洪的提議。

因應「雙十暴動」帶來的衝擊和破壞，葛量洪也要求增加

---

42 Gatrell, *Free World?*, pp. 58-62; Welsh, *A History of Hong Kong*, pp. 454-455; Hong Kong Legislative Council, "Hong Kong Hansard: Reports of the Sittings of the Legislative Council of Hong Kong, 26 March 1958."

43 Mark, "The 'Problem of People'," p. 1170.

44 "Grantham to Lennox-Boyd," (8 April 1957), *CO1030/777*, p. 108.

從救濟到融合

駐港英軍數量，以強化香港的防衛力量，這得到殖民地部的支持，[45] 但又和英國的軍事戰略部署產生矛盾。早在 1952 年，英國已檢討其全球性的防衛計劃，包括香港的戰略角色，結論是香港對英國來說已沒有戰略價值。倫敦又認為，在香港保留軍機毫無意義，因為假如中國人民解放軍入侵香港領空，英軍根本無力捍衛。基本上，英國在香港駐軍只是為了維持大英帝國的聲譽和振奮士氣。[46] 倫敦的態度亦需聯繫到當時的「非殖民地化」運動。1956 年蘇伊士運河戰役失敗後，倫敦讓殖民地對更多事務進行自理甚至准予獨立，務求減輕殖民地帶給英國的財政負擔。[47] 倫敦因而不願耗資處理香港的軍事防衛和「難民問題」。麥米倫（Maurice Macmillan）於 1957 年 1 月成為英國首相後更堅決要從香港裁軍，從而減少軍事支出。[48] 葛量洪為此感到不高興，他認為香港仍然向英國繳納軍費，但他增加駐軍的建議最終不得要領，倫敦甚至計劃減少香港的駐軍。葛量洪提出，既然倫敦不減少香港軍費，英國就應該在香港保留兩個團

---

45 "Draft of Johnson," (18 May 1957), *CO1030/777*, p. 53.

46 《明報》（2006 年 7 月 16 日）。

47 王慧麟：《閱讀殖民地》（香港：TOM〔Cup Magazine〕Publishing Limited，2005年），頁 21。

48 Chi-kwan Mark, *Hong Kong and the Cold War: Anglo-American Relations 1949-1957* (Oxford: Clarendon; New York: Oxford University Press, 2004), p. 71；鄭智文、蔡耀倫：《東方堡壘：香港軍事史（1840-1970）》（香港：中華書局〔香港〕有限公司，2018 年），頁 420。

的兵力。憑藉戰後香港經濟發展取得的成就，葛量洪得以說服國防委員會在香港保留一個第四步兵營和裝甲團，用以穩定社會和民心，推動經濟繼續增長。[49]

　　葛量洪又解釋為什麼倫敦應該撥款援助香港救濟「難民」。首先，因為抵港「難民」是不速之客，非香港政府所願；第二是聯合國已承認香港的「中國難民問題」不但是香港的內部事務，也是一個國際議題。[50] 但即使葛量洪努力遊說，其目標仍然落空。[51] 葛量洪批評倫敦不理會殖民地的「難民問題」，又呼籲國際社會伸出援手。雖然這未必有助於改變倫敦態度，卻引起了外界的進一步關注。[52]

　　值得留意的是，1957 年 2 月，香港數個民間團體發起活動要求延長葛量洪的港督任期。國際救援會向英國殖民地部提出該建議，又呼籲「中國難民」進行支持。他們稱讚葛量洪為「難民救濟」的付出和貢獻，又認為葛量洪能否續任港督，將極為

---

49 "Letter to Vile," (18 April 1957), *CO1030/777*, p. 17; "Draft of Johnson," (18 May 1957), *CO1030/777*, pp. 52-53.

50 "A Letter of Secretary of State," (14 January 1958), *CO1030/779*, p. 18.

51 "Meeting of Aid to Hong Kong in Squatter Resettlement," (25 July 1957), *CO1030/778*, p. 307.

52 Hong Kong Legislative Council, "Hong Kong Hansard: Reports of the Sittings of the Legislative Council of Hong Kong, 27 February 1957;" 湯開建、蕭國健、陳佳榮主編：《香港 6000 年》，頁 684。

影響「中國難民」的福祉。[53] 這顯示到了 1950 年代中期，港府的「難民救濟」理念逐漸得到民間團體的認可和肯定。同時，也有民間團體和華人領袖為增加援助向港府和倫敦施壓。[54] 香港公民協會多次批評港府和英國殖民地部救濟「難民」不力。[55] 1957 年 6 月，協會致函殖民地部要求倫敦為香港的「中國難民問題」提出救濟方案及尋求國際援助。[56] 葛量洪提醒殖民地部，不適當回應香港民間增加救助的訴求將招致不良後果。[57] 隨著葛量洪倫敦之旅未能爭取到英國的財政支援，到 1958 年 4 月，香港公民協會主席及市政局議員張有興在市政局會議批評港府未積極遊說倫敦，並指英國漠視「難民問題」。他又希望港府儘快再次尋求倫敦援助。港府留意到張有興的言論，並向倫敦轉達其意見。輔政司白嘉時指議員在市政局會議批評倫敦雖然並不恰當，但倫敦確實未給予「中國難民」足夠幫助。白嘉時

53　《工商日報》（1957 年 2 月 15 日）。

54　"Extract from *South China Morning Post*," (3 June 1959), *HKRS41-1-9893*, p. 5; Hong Kong Legislative Council, "Hong Kong Hansard: Reports of the Sittings of the Legislative Council of Hong Kong, 26 March 1958."

55　香港公民協會編：《香港公民協會二十週年紀念特刊：一九五四年至一九七四年》（香港：香港公民協會，1974 年），頁 38。

56　《工商日報》（1957 年 6 月 9 日）；"Hilton Cheong-Leen to Lennox-Boyd," (7 June 1957), *CO1030/778*, pp. 318-319.

57　"Grantham to the Secretary of State for the Colonies," (3 July 1957), *CO1030/778*, p. 317.

又強調倫敦的被動消極將損害自身名譽。[58] 港府嘗試利用輿論增強與倫敦商談的籌碼，亦表明港府認同及重視民間聲音的作用。

1957 年 12 月葛量洪在立法局發表臨別演辭，對倫敦漠視「難民問題」的態度仍然耿耿於懷：

> 我們沒有得到實際的協助，甚至英國政府也沒有給予我們實際的協助。英國政府不協助我們的一項原因，是我們財政上有足夠能力負起這方面責任。的確，直到現在我們仍在負擔這方面的責任，而且沒有破產，但我們負出的代價是多麼的大。[59]

葛量洪對倫敦的批評反映其對香港事務的焦慮。他認為香港不只是一個為英國帶來利益的殖民地和貿易中轉站，英國也應關心香港人的生活情況。離任在即，葛量洪仍呼籲倫敦改變想法，透過援助香港這個殖民地，令「中國難民」以此為家，成為香港繼續發展的新動力，也避免香港的福利發展遠落後於其他國家和地區。

倫敦則指出，香港在戰後已得到多方面的援助，包括一筆

---

58 "Burgess to Wallace," (21 May 1958), *CO1030/780: Refugees from China in Hong Kong (1957-1959)*, pp. 106-110.

59 Hong Kong Legislative Council, "Hong Kong Hansard: Reports of the Sittings of the Legislative Council of Hong Kong, 18 December 1957."

4,800 萬港元用於啟德機場的免息貸款，以及超過 1,600 萬港元用於發展的津貼補助。而且，相比英國其他殖民地，香港較為富有，因此緊急的「難民救濟」對港府來說不成問題。倫敦進一步認為，港府本身就是英國政府在香港的代表，香港不應被視作一個獨立而沒有得到英國資助的經濟體。[60] 殖民地部甚至強調，大批的「中國難民」，尤其當中的上海實業家南下，令香港因禍得福，直接有了之後的工業騰飛。[61] 其意思明顯不過：既然「難民」推動香港的經濟發展，港府便應與「難民」共享經濟繁榮的成果，運用累積的財富提供各種救濟援助。

繼任的柏立基也和葛量洪一樣，繼續爭取倫敦的支援。柏立基同意倫敦的某些想法，例如香港確實比英國其他殖民地富裕。他也理解倫敦對「難民問題」的考慮，但卻不能接受其被動和冷漠。柏立基認為，道義上倫敦應該先為他的殖民地的「難民問題」提供支援，然後才讓殖民地尋求外國協助。他也認同葛量洪的說法，亦即港府尋求外界對「中國難民」的援助並非單純因為財力不足，而是該問題還涉及人道主義，又是一項國際性事件，受到全球各國關注。[62] 縱然港府不斷請求倫敦重視「難民」的福祉，殖民地部官員也讚賞港府的救濟工作，但基

60　"Murray to Wallace," (17 April 1958), *CO1030/780*, p. 188.

61　"Wallace to Melville," (7 January 1958), *CO1030/779*, p. 17.

62　"Note of Meeting held in Mr. Melville's Room: Chinese Refugees in Hong Kong," (13 January 1958), *CO1030/779*, pp. 162-164.

本上英國官員對港府的訴求無動於衷。或者,他們的讚賞其實是一種暗示:既然港府已經做得不錯,那麼倫敦就更沒必要插手了。

3.3 聯合國有關「中國難民問題」的討論

聯合國調查團報告書《香港中國難民問題》發佈前後,各國對「中國難民」應否獲得救助始終眾說紛紜。根據《公約》,逃亡者必須「不能或不願接受原籍國的保護」才能取得難民身份而獲難民署的援助。但由於當時存在所謂「兩個中國問題」,「中國難民」的原籍國歸屬問題沒有解決。台灣方面指「中國難民」是真正的難民。法國、比利時等認為居港所謂「難民」屬中國籍,自應得到聯合國中國代表即「中華民國」的保護,故他們不屬於難民,也不能算作無國籍難民,因此不應獲得聯合國救濟。此看法也得到難民署的認同。[63] 至於蘇聯和其他共產主義國家同樣不認為南下香港的內地民眾是難民,強調只能將他

---

63 王裕凱主編:《香港調景嶺難民營調查報告》,頁 2;"Draft Report of the Advisory Committee of the High Commissioner of Refugees," (27-30 April 1953), *CO1023/117*, p. 160.

們視作貧民來提供援助。[64] 雖然報告書詳細列舉「難民」苦況，並提交聯合國會議討論，但由於報告書認為「中國難民」不符救濟資格、加上經費短缺，以及以歐洲難民救濟為先，聯合國難民署只是呼籲各國及私人團體多加關注援救「中國難民」，但各國、各地區政府仍舊意見紛紜：法國、比利時認為需要進一步調查，土耳其和「中華民國」則強調人道主義優先，要求馬上提供實質支援。[65]

其時港府正發行《人口問題》小冊子向外界介紹香港的「難民」情況，英國作為香港在聯合國的代表，理應趁機為殖民地爭取救濟資源。但是，正如前文所述，倫敦的想法是儘量避免因香港的「難民援助」而引發政治爭端和外交風波，因此十分消極被動，這亦可從英國代表在 1957 年兩次聯合國會議的態度得見。1957 年 2 月，聯合國難民緊急救援基金會（United Nations Refugee Emergency Fund）執行委員會通過一個決議，要求在同年 11 月的聯合國全體會員大會上正式討論「中國難民問題」。雖然英國代表表面上鼓勵相關討論，但英國外交部為了避免引發政治辯論和刺激北京，要求英國代表儘量拖延有

---

[64] "From United Kingdom Delegation of the United Nations to Foreign Office," (8 November 1957), *CO1030/779*, p. 252.

[65] "United Association of Hong Kong: Chinese Refugees in Hong Kong," (4 May 1955), *CO1030/383*, p. 52; Holborn, *Refugees: A Problem of Our Time*, p. 688；《工商日報》（1955 年 5 月 8 日）；林芝諺：《自由的代價》，頁 334。

關討論，方法是提議先釐清「中國難民」的法律地位以及是否符合救濟資格。[66] 私底下，倫敦認為香港的「中國難民」應獲救濟：首先，他們離開了原居留國；第二，他們有充分的理由擔心因政見不同而遭迫害；第三，擔心遭迫害代表他們不會願意返回原居留國。不過，倫敦不願向外界透露這一看法。[67]

英國在聯合國會議上宣稱願意向「中國難民」提供援助，但英國外交部建議英國代表不要在 1957 年 7 月的聯合國經濟與社會理事會（United Nations Economic and Social Council）的會議上參與任何有關救助「中國難民」的討論。[68] 英國外交部清楚了解，英國對待「中國難民問題」的被動會引致許多慈善團體的不滿和香港政府的尷尬；但假如通過任何救濟方案，英國將需向聯合國提供新的捐款，這有違英國的財政原則。[69] 其時英國已為聯合國的國際難民救濟工作花費不少，英國不願再增加資助，即使那是用於殖民地香港。[70] 會議上英國代表引述港府的說法，強調難以區分「難民」和其他本地居民，因此反對只

66　Holborn, *Refugees: A Problem of Our Time*, p. 691.

67　"Snellgrove to Ashton," (2 October 1957), *CO1030/778*, p. 150.

68　"Swann to Ashton," (3 May 1957), *CO1030/777*, pp. 84-86.

69　"The Secretary of State for the Colonies to Grantham," (27 May 1957), *CO1030/777*, p. 71; "Johnston to Grantham," (27 May 1957), *CO1030/777*, pp. 63-64; "Meeting about Aid to Hong Kong in Squatter Resettlement," (25 July 1957), *CO1030/778*, p. 309.

70　"Speech of December 18th by Retiring Governor of Hong Kong," (22 January 1958), *CO1030/779*, p. 67.

援助香港的「中國難民」。倫敦認為這可以避免北京的猜疑。[71]

另一方面，港府政治顧問李德華（R. T. D. Ledward）卻期望英國在聯合國會議上提出建設性的意見。但實際上英國政府的不同部門，包括外交部、殖民地部、財政部都儘量避免有關討論。執政保守黨不願為救濟「中國難民」提供資金，英國財政部則認為港府可以自行處理。[72] 殖民地部大臣倫諾克斯—博伊德（Alan Lennox-Boyd）承認，財政部不打算增加開支以協助國際「難民救濟」計劃，包括殖民地香港的「難民問題」。[73] 英國外交部向港府強調其方針大體上是要「減少英國對難民的義務」，因此英國代表不會提出任何「不明智的討論」。[74]

當然，港府不是不清楚，聯合國有關「中國難民」的救濟議案可能導致英國的外交窘困。葛量洪也承認，台灣當局在聯合國的「難民救濟」資金籌集活動令香港和北京的關係變得緊張。[75] 不過，葛量洪仍然認為倫敦應該在避免政治尷尬的同時，儘量尋找機會救助「中國難民」。他認為兩件事可同時做到。葛量洪又指，香港所有的志願團體都希望英國能參與聯合國有

---

71 "Foreign Office to Colonial Office," (16 October 1957), *CO1030/778*, pp. 103-104; "Swann to Ashton," (3 May 1957), *CO1030/777*, p. 85.

72 Mark, "The 'Problem of People'," pp. 1167-1168.

73 "Secretary of State," (14 January 1958), *CO1030/779*, pp. 18-19.

74 "Foreign Office to Hong Kong Government," (12 June 1957), *CO1030/778*, p. 351.

75 "Grantham to the Secretary of State for the Colonies," (26 September 1957), *CO1030/778*, p. 169.

關「中國難民」的討論，他甚至建議英國代表在聯合國經濟與社會理事會的會議推動相關討論，原因是該類會議多聚焦於人道主義立場的議題，而非像聯合國會員大會般充滿政治色彩。[76] 最終，因為共產主義國家的反對，經濟與社會理事會會議未能就「難民救濟」的參考方案達成協議。[77] 英國代表乘機建議暫停相關討論，直到 1957 年 11 月的聯合國會員大會再作處理。[78]

與此同時，香港的民間團體發起一系列活動呼籲聯合國為「中國難民」提供援助，甚至組織為期 5 年的籌款項目。[79] 1957 年 8 月 19 日，聯合國全體會員大會舉行之前，聯合國協會香港分會聯同港九居民聯會、革新會以及其他眾多民間團體組成了港九各界呼籲聯合國救濟留港中國難民委員會，要求難民署將「中國難民」列入救助名單，並且提供確切的財政支援。委員會又期望聯合國會員國減少對「中國難民」的入境限制。[80]

為了令英國在聯合國會議積極推動關於「中國難民」的討

---

76 "Grantham to Johnston," (19 June 1957), *CO1030/778*, pp. 339-340.

77 "From Geneva to Foreign Office," (29 July 1957), *CO1030/778*, p. 290；《工商日報》（1957 年 6 月 26 日）。

78 "Hong Kong: Chinese Refugees," (29 August 1957), *CO1030/778*, p. 276.

79 "From Grantham to the Secretary of State for the Colonies," (13 August 1957), *CO1030/778*, p. 281; "World Federation of United Nations Association Twelfth Plenary Assembly," (2-8 September 1957), *CO1030/778*, p. 189；《工商日報》（1957 年 1 月 27 日）。

80 "From Grantham to the Secretary of State for the Colonies," (27 August 1957), *CO1030/778*, p. 197；《工商日報》（1957 年 8 月 20 日）。

論，港府向倫敦提出「折衷」建議：如果聯合國會議達成救濟決議案，會員國可考慮收容「中國難民」，港府會從中協調安排。[81] 其意思似乎是，港府不一定需要外界動用大量資源，接收部分「難民」也非常有用。倫敦再次向港府強調，難民署不會提供「無限定用途」的經費援助「中國難民」，[82] 又認為不應該設立新的組織處理「難民問題」，以免聯合國產生一個專門援助「中國難民」的計劃。[83] 在 1957 年 11 月召開的聯合國全體會員大會上，英國代表 Walter Elliot 表現較前積極，呼籲國際社會的關注和援助。英國重申「中國難民」苦況，也肯定香港政府的救濟工作，強調港府難以長期負擔，希望聯合國儘快通過救濟決議案。[84] 但總的來說，英國仍然沒盡全力為香港爭取國際支援。即使其時港府籌辦融合政策，倫敦仍然傾向「第三國」安置的策略。倫諾克斯—博伊德要求港府和台灣當局聯繫，並

---

81 "Ways in which U. N. Member Governments might Assist the Hong Kong Government in Resettling Chinese Refugees," (3 September 1957), *CO1030/778*, pp. 221-223.

82 "From the Secretary of State for the Colonies to Grantham," (13 October 1957), *CO1030/778*, p. 108.

83 "Foreign Office to the Chancery," (7 October 1957), *CO1030/778*, p. 118.

84 "United Nations General Assembly 12th Session," (3 September 1957), *CO1030/778*, p. 210; "The Hong Kong Refugee Problem Text of United Kingdom Delegation's Speech at the United Nations," (25 November 1957), *HKRS70-3-458: Refugees - Refugees in Hong Kong*.

且草擬把「難民」移居到台灣的計劃。[85]

　　必須強調的是，雖然倫敦期望台灣方面能接收更多「難民」，但倫敦更著意於阻止右派團體藉救濟干預香港的內部事務。[86] 在聯合國的大小會議上，「中華民國」代表反覆強調各國攜手救援的重要性，渴求國際社會的介入。英國代表則不斷阻擾其行動，並拒絕在香港成立一個由台灣當局主持的國際救濟機構，指責其藉「難民救濟」攫取政治利益。英國代表積極主動地避免冷戰時期「難民問題」進一步政治化，和英國對於援助港府的被動消極形成鮮明對比。倫敦認為，台灣當局在聯合國會議的著眼點不是爭取更多「中國難民」獲得收容安置，而是宣傳自己如何為了「難民」的利益而在各種場合不辭勞苦，到處奔走。[87]

　　無論如何，由於不同志願團體和台灣方面的共同努力，[88] 1957 年 11 月 26 日聯合國全體會員大會通過《香港的中國難民決議案》（*Resolution 1167 (12): Chinese Refugees in Hong Kong*），

85　"From the Secretary of State for the Colonies to Hong Kong (O.A.G.)," (15 January 1958), *CO1030/779*, p. 81.

86　"Snellgrove to Ashton," (25 February 1958), *CO1030/779*, pp. 38-39.

87　"Extract from L. T. C. Quarterly Intelligence Report, 7," (15 January 1958 to 15 April 1958), *CO1030/780*, p. 159; "Election of Nationalist China to the Refugee Executive Committee," (2 June 1958), *CO1030/780*, pp. 101-102；林芝諺：《自由的代價》，頁 335。

88　Mark, "The 'Problem of People'," p. 25.

「確認香港『中國難民問題』為國際社會所關心,並指出有辦理緊急及長期援助之需要」。大會也認同香港政府的救濟成果。話雖如此,因為法律地位問題議而未決,加上聯合國不願專門救助「中國難民」,決議案只是呼籲聯合國及其會員國,以及其他特別組織和非政府團體提供援助。[89] 結果,大多數國家或地區只對「中國難民」表示同情,沒有具體的救濟行動。直到 1958 年 11 月,亦即通過決議案的一年後,港府只曾收到來自梵蒂岡一筆 3,000 港元的小額捐款。[90] 港府對此當然失望,情況直到國際性運動「世界難民年」的開展才有重大突破。

3.4 「世界難民年」的舉行及其對「中國難民」的援助

1958 年 4 月,4 名英國青年,包括 Christopher Chataway、運動員兼電視節目評論員 Timothy Raison、新聞記者 Trevor Philpott 和 Colin Jones 在一本名為 Crossbow 的政論雜誌中首次

---

89 "Chinese Refugees in Hong Kong," (April 1958), *CO1030/781*, pp. 61-62; "Resolution Adopted by the General Assembly: 1167 (XII): Chinese Refugees in Hong Kong," (28 November 1957), *CO1030/778*, p. 46.

90 "Moreton to Simpson," (4 November 1958), *CO1030/781*, p. 367.

提出全球性慈善活動「世界難民年」的概念和構思。[91] 其時資本主義陣營繼續利用「難民援助」進行反共宣傳，加上各國愈加關注世界各地的難民狀況，[92] 所以該構想一經提出即得到美國和其他西方國家的支持。1958 年 9 月，英國代表 Dame Curwen 在聯合國難民緊急救援基金會第 9 次特別會議正式提出「世界難民年」的建議。[93] 在美國、荷蘭等 9 個國家支持及聯合倡議下，3 個月以後，聯合國全體會員大會第 13 次會議通過《世界難民年決議案》（ *Resolution 1285: World Refugee Year* ），其宗旨是「促請各國政府倡導世界難民年，集中注意難民問題，鼓勵各國政府、各志願團體及大眾人民，提供財政援助，以使全世界難民獲得適當救助」；又鼓勵「以人道主義為本及按照難民的意願，透過自願遣返、安置或整合，協助處理難民問題」。按照決議案，各國暫停對香港「中國難民」法律地位和救助資格的討論，並將其連同「居於難民營內外的歐洲難民」、「滯留中國內地的歐洲難民」，以及「巴勒斯坦的阿拉伯難民」列為救援

91 "World Refugee Year: Combined Onslaught on Vast Social Problem," *CO1030/781*, pp. 164-165; Holborn, *Refugees: A Problem of Our Time*, p. 450; Gatrell, *Free World?*, pp. 79-84.

92 于群、程舒偉：〈美國的香港政策（1942-1960）〉，《歷史研究》（1997 年第 3 期），頁 63-66；趙綺娜：〈冷戰與難民援助〉，頁 79。

93 "British Resolution at United Nations for World Refugee Year," (5 November 1958), *HKRS70-3-460: Refugees - World Refugee Year*, p. 1.

對象。[94]

　　直到 1957 年，英國依然被動地對待「中國難民」，但 1958 年他卻倡議「世界難民年」計劃，倫敦的態度似乎開始發生轉變，這主要基於兩個原因。首先，由於 1957 年 11 月聯合國會員大會已經通過鼓勵難民救濟的決議案，英國作為當時香港的宗主國，在國際壓力下難以再對香港的問題置之不理。而美國在 1958 年計劃為香港的「中國難民」提供一筆救濟資金，英國發現自己不用獨自援助。第二，殖民地香港的「難民問題」逐漸引起英國國內的關注。執政保守黨對於「難民救濟」的被動引起在野工黨的斥責，而部分議會成員的質詢亦常常引致倫敦的尷尬。例如 1958 年 3 月 20 日，工黨議員 John Rankin 質問英國政府應否認真看待港督葛量洪的嚴厲批評。[95] 英國國民和志願團體也十分關心「中國難民」的居住問題。英國樂施會和英國紅十字會經常向殖民地部了解「難民」的境況，並要求倫

---

94 "Cutting from *Hong Kong Standard*," (1 June 1959), *HKRS41-1-9893*, p.2; United Nations High Commissioner for Refugees, "World Refugee Year (A/RES/1285)," *https://www. unhcr.org/excom/bgares/3ae69ef3a/world-refugee-year.html?query=1285%20(XIII)* (UNHCR - World Refugee Year), 7 November 2019；王裕凱主編：《香港調景嶺難民營調查報告》，頁 1、6；Holborn, *Refugees: A Problem of Our Time*, p. 451; James P. Rice, Moses A. Leavitt, and Edward E. Swanstrom, "The World Refugee Year 1959-1960," *Journal of Jewish Communal Service*, Vol. 37, No. 2 (1961), pp. 260-269; Gatrell, *Free World?*, p. 87.

95 Mark, "The 'Problem of People'," p. 1171；《工商日報》（1958 年 3 月 22 日）。

敦援助港府。[96]當葛量洪和柏立基先後披露倫敦不理睬港府的訴求，來自英國國內的壓力令倫敦尤其是執政保守黨必須適當回應以維護自己的名聲。

倫敦過去拒絕援助，部分原因是英國財政部認為香港有大量盈餘，足夠應付救濟需要，同時也擔心如果給予香港撥款，其他英國殖民地可能也會有類似要求。「世界難民年」正好為倫敦支援香港提供了「冠冕堂皇的理由」，而又不致開輕易援助殖民地的先例。柏立基建議倫敦藉「難民年」的機會，恢復香港人在「雙十暴動」後對港府失去的信心，這得到殖民地部的認同。[97]另外，雖然「世界難民年」由英國青年倡議和得到英國政府支持，但針對的不只香港的「中國難民」，也包括世界其他地方的難民，倫敦估計北京的反應未必強烈。

「世界難民年」運動由 1959 年 7 月開始直到 1960 年 6 月。[98]在這一年裏，多達 60 個國家和地區參與並提供實質支持。大部分國家和地區都組織了各自的「難民年」工作委員會，也熱心

---

96 "Oxford Committee for Famine Relief to Stokes," (12 January 1957), *CO1030/777*, p. 262; "Arthur Tiley Esq. M. P., Bradford West to Lennox-Boyd," (15 January 1957), *CO1030/777*, p. 260; "Antony to Lennox-Boyd," (23 May 1957), *CO1030/778*, p. 358.

97 Faure, *Colonialism and the Hong Kong Mentality*, p. 185; Mark, "The 'Problem of People'," pp. 1167-1168.

98 "Cutting from *Hong Kong Standard*," (1 June 1959), *HKRS41-1-9893*, p. 2.

圖 03-002：1960 年比利時發行的「世界難民年」首日封一（筆者收藏）

圖 03-003：1960 年比利時發行的「世界難民年」首日封二（筆者收藏）

圖 03-004：1960 年蘇里南發行的「世界難民年」首日封（筆者收藏）

圖 03-005：1960 年西德發行的「世界難民年」郵票（筆者收藏）

救濟「中國難民」。西德藥廠向港府捐贈醫藥用品，[99] 比利時政府則透過聯合國難民署向香港捐款 28 萬 6 千港元，用以徙置新界元朗大陂頭村的木屋居民。[100] 部分國家接收「中國難民」，如美國按 *Parole Entry Plan* 收容了一批「中國難民」。[101] 但是，由於「世界難民年」救助者包括逃避共產主義統治的難民，共產主義國家認為運動具強烈的反共意味而拒絕參加。

英國向聯合國提出「世界難民年」的建議後，英國駐聯合國代表指倫敦計劃藉此捐贈 320 萬港元，其中三分之一用於香港。[102] 而在「難民年」開展前，英國首相麥米倫表示，「我們不能漠視路上需要幫助的人」。[103] 事實上，英國為「世界難民年」出力頗多。例如由英國官員和志願者建立的「世界難民年」英國委員會是運動期間最活躍的組織之一，並且十分關注香港的「難民問題」，曾經邀請白嘉時在 1959 年 4 月到英國簡介香港的情況，又不斷向倫敦建議如何協助「難民年」的成功進行。「難民年」開展初期，英國委員會訂下 200 萬港元的籌款目標，

---

99 "World Refugee Year Gift of Drugs from Germany," (7 October 1959), *HKRS163-1-2442: World Refugee Year*, p. 58.

100 "*South China Morning Post*," (26 May 1960), *HKRS934-9-73: World Refugee Year*, p. 23.

101 "Cutting from *Hong Kong Standard*," (30 August 1959), *HKRS41-1-9893*, p. 94.

102 "Extract from House of Common Official Report," (19 November 1958), *CO1030/781*, p. 308.

103 "*South China Morning Post*," (3 June 1959), *HKRS41-1-9893*, p. 5.

結果較預期更早地在 1960 年 2 月達標。[104] 香港荃灣社區中心的建築費用即全數來自該委員會的捐款。[105] 英國委員會亦曾資助觀塘社區中心、西營盤社區中心、紅十字會殘廢兒童院、復康中心和青年營的興建，以及中學的翻新工程，並向社聯捐獻一筆款項。[106] 英國的民間團體也熱心響應，倫敦的一個「世界難民年」展覽便為「中國難民」籌得 9 萬 6 千港元。[107]

「世界難民年」舉行期間，英國向香港捐款總共 3,466,666 港元，其中 1,266,666 港元用於荃灣社區中心的建造，2,200,000 港元則用於其他社會福利服務。[108] 為了支持「難民年」，倫敦也放寬入境限制，讓小部分香港的「中國難民」到英國工作，[109] 又有超過 1,000 名殘疾「難民」在 1960 年前後獲接收到英國

---

104 《工商日報》（1960 年 5 月 24 日）。

105 "Daily Information Bulletin," (3 June 1960), *CO1030/1309: Chinese Refugees in Hong Kong (1960-1962)*, p. 146.

106 "Tony Shaw to Trench," (9 September 1960), *HKRS41-1-10075: World Refugee Year - Contribution from United Kingdom Committee - Grant for the British Red Cross Society in Connection with a Red Cross Home for Crippled Abandoned Children*, p. 2; "World Refugee Year U. K. Committee Grants," (19 December 1960), *HKRS41-1-10072: World Refugee Year - Contribution from United Kingdom Government - Grant for the Standing Conference of Youth Organisations in Connection with a Youth Camp Project*, p. 9.

107 "Cutting from *China Mail*," (22 September 1959), *HKRS41-1-9893*, p. 104; Gatrell, *Free World?*, p. 163.

108 "U. K. WRY Contributions," *HKRS163-1-2706: 1. Colony's Expenditure on Refugees; 2. Contributions and Loans Received for Relief of Refugees*.

109 "Cutting from *China Mail*," (24 July 1959), *HKRS41-1-9893*, p. 62.

定居。[110]「世界難民年」總共籌得善款 4.8 億港元,專門捐予香港「中國難民」的則有 2,700 萬港元。[111] 運動結束後,港府仍然收到來自聯合國難民署的捐款以及世界各地接近 600 萬港元的各項救助。[112] 例如澳洲國家委員會贊助香港興建肺結核診療所,[113] 難民署捐款 294,387 港元讓改善生活合作社(Better Living Co-operative Societies)建立周轉貸款基金,供個人和機構成員申請借貸,用作臨時應急或公共發展計劃。[114]

3.5 港府和各類團體在「世界難民年」的合作救濟

「世界難民年」不但有助港府的「難民」整合計劃,對香港的食水供應、房屋建設、教育、醫療,以及其他福利服務發展也都有莫大裨益。[115]「世界難民年」開展之前,為有效率地

---

110 "Marshall to Burgh," (23 June 1960), *CO1030/1309*, p. 109;《工商日報》(1960 年 12 月 15 日)。

111 《星島日報》(1960 年 10 月 28 日);《工商日報》(1960 年 10 月 28 日);Mark, "The 'Problem of People'," p. 1172.

112 《工商日報》(1962 年 7 月 8 日)。

113 "Australian W. R. Y. Donation," (13 March 1961), *HKRS934-9-73*, p. 31.

114 "Revolving Loan Fund Better Living Co-operative Societies," (11 May 1962), *HKRS934-9-73*, p. 48.

115 Hong Kong Government, *Annual Report, 1959*, pp. 1-22.

接收和分發救援物資，港府設立跨部門「世界難民年」委員會
（Interdepartmental World Refugee Year Committee），由副輔政
司戴麟趾（David Trench）出任主席，成員包括社會福利署和
教育署官員以及港府政治顧問李德華等。[116] 委員會擬訂了具體
的「難民年」工作計劃，包括：

一、在徙置區建立社區中心；

二、在徙置區建立兩所 30 個班房的小學；

三、建立一所初中學校；

四、資助訓練社會福利工作人員；

五、建立傳染病醫務所和為殘疾兒童提供更好設備，
以及建立復康中心和中央學校圖書館等；

六、設立棄嬰收容中心。[117]

上述計劃顯然並非僅為「難民」而設，而是要令包括「難
民」在內的全體香港居民得益。事實上，整合「中國難民」至

---

116 "World Refugee Year and Chinese Refugees in Hong Kong Developments in the U. N.: 1955-59," (22 April 1959), *HKRS163-1-2301: Interdepartmental World Refugee Year Committee - Working Papers*, pp. 4-5.

117 "From Governor Hong Kong to Secretary of State," (29 April 1959), *HKRS163-1-2301*; "Extract from *Hong Kong Standard*," (6 June 1959), *HKRS70-3-460*; Hong Kong Government, *A Problem of People*, p. 41.

社區的計劃本就需要消除「難民」和其他居民的分別。

此外，社聯亦聯合宗教組織和「難民」援助團體組成社會服務聯會「世界難民年」香港工作委員會（Hong Kong Working Committee for World Refugee Year by Hong Kong Council of Social Service），尋求本地和海外團體的捐獻和支援，從而徹底解決「難民問題」。[118] 上述官方和民間的兩個工作委員會建立緊密的協調聯繫，港府委員會的目標是協調「難民」救助的方向，並為社聯委員會提供指引。[119] 1959 年 4 月 16 日社聯委員會召開第一次會議時，出席者來自個各民間團體，包括聯合國協會香港分會、香港基督教福利及救濟協會、香港天主教福利會、天主教救濟服務處、援知會等。港府社會福利署署長巴瑯（David Baron）和負責公共關係事宜的官員亦應邀出席，務求令兩個委員會有效地分工合作。[120]

一份名為《慈善》的季度報告定期出版，彙報「世界難民年」期間香港的工作進度和成果。[121] 運動一開始時，社聯委員

---

118 "Minutes of the First Meeting of the World Refugee Year 'Working Committee'," (16 April 1959), *HKRS163-1-2446: Minutes of World Refugee Year Working Committee.*

119 "World Refugee Year and Chinese Refugees in Hong Kong Developments in the U. N.: 1955-59," (22 April 1959), *HKRS163-1-2301*, pp. 4-5.

120 "Minutes of the First Meeting of the World Refugee Year 'Working Committee'," (16 April 1959), *HKRS163-1-2446.*

121 "Hong Kong Working Committee for World Refugee Year Quarterly Progress Report (No. 3)," (September 1960), *HKRS365-1-42: World Refugee Year (Third), 1960.*

會即舉辦「世界難民年」呼籲週，以吸引公眾注意和籌集興建社區中心的費用，[122] 又向聯合國「世界難民年」辦公室提交文件和照片，以編印介紹「中國難民」的小冊子。[123] 許多個人和不同類別的團體，包括香港賽馬會、銀行、商會和工廠等積極支持和參與「世界難民年」運動，或是慷慨捐輸，或是舉行不同形式的籌款活動，如時裝表演、徵文比賽、粵劇慈善匯演等。「難民」救濟團體則不斷呼籲國際社會藉「世界難民年」幫助改善「中國難民」的生活。社會領袖就捐款的用途提出了各項建議，張有興提議用作發展衛星城市和增加職業種類，令「難民」由此受惠。余達之認為港府應建設更多工廠，助「難民」獲得更多工作機會。如巴瑯所觀察：「公司、機構和個人積極響應『世界難民年』期間的不同的目標和訴求，其成果令人欣喜。」[124]

戴麟趾強調，港府和民間團體必須通力合作才能有效配合「世界難民年」的開展。他指「世界難民年」進行期間，部分捐輸由港府自行調配使用；而部分則由捐獻國家、地區、組織或是港府分發予香港的民間志願團體，而港府將監督資源的

---

122 Hong Kong Government, *Annual Report, 1959*, pp. 20-21.

123 《工商日報》（1960 年 1 月 20 日）。

124 "Extract from *Hong Kong Standard*," (6 June 1959), *HKRS70-3-460*; "Daily Information Bulletin," (11 February 1960), *CO1030/1309*, p. 281.

運用。[125] 政府和團體除了或單獨或聯合接收分發來自超過 60 個國家和地區的捐獻之外，[126]「世界難民年」資助創建的 6 個社區中心的運作亦體現了官民合作以實行整合政策。[127] 柏立基在黃大仙社區中心開幕禮上強調，社區中心將把「難民」和其他居民連繫起來。[128] 為實現此目標，社會福利署主要負責中心的管理和設施配備，民間團體則舉辦各類康樂活動。[129] 以黃大仙社區中心為例，駐設在中心的中華基督教青年會、香港家庭福利會、瑪利諾女修會、香港基督教福利及救濟協會組織集體活動、開辦託兒所，以及提供職業及手工業訓練課程。至於社會福利署就監管協調並提供一系列的輔助服務，如設立服務台和圖書館，有時也會播放電影和舉行民間舞蹈節目。此外，社會福利署與社聯為有志投身福利事業的年青人舉辦課程，將他們培訓成服務社區的專業人才，並提供宿舍予學生用作實習場地。[130] 社會福利署和徙置事務處又闢出徙置區部分地方供民間

---

125 "Daily Information Bulletin," (29 October 1959), *HKRS70-3-460*, p. 33.

126 Mark, "The 'Problem of People'," p. 1172；《星島日報》（1960 年 10 月 28 日）；《工商日報》（1960 年 10 月 28 日）。

127 Hong Kong Government, *Annual Report, 1960* (Hong Kong: Government Printer, 1961), pp. 171-172.

128 "Daily Information Bulletin," (19 June 1961), *HKRS70-3-460*.

129 "Extract from Governor of Hong Kong's Budget Speech," (1960), *CO1030/1309*, p. 271.

130 "Residents of Wong Tai Sin Resettlement Estate to Attend Opening of Hong Kong's First Community Centre," (5 July 1960), *CO1030/1309*, pp. 86-87.

團體舉行活動以及開辦天台學校和兒童會，例如團體向社會福
利署呈交建立託兒所和兒童圖書館的方案，署長巴瑯就據此提
供合適的徙置大廈底層房間。港府又在徙置區開辦診所、小學
和復康中心。[131] 利用「世界難民年」的援助，港府和民間團體
在「難民」、貧民聚居的徙置區增添了福利設施，期望「難民」
在使用設施和參與社區活動的過程中，和其他居民得以認識溝
通，消除隔膜，漸漸適應和認同香港這個新的家。

3.6 小結

　　1950 年代中期，港府的「難民」政策有變，開始考慮把「難
民」融合到香港社會。這種改變並非突如其來，而是因為一系
列的要素，包括遷移「第三國」的策略失效、工業經濟的需要、
「雙十暴動」的衝擊，以及大量「難民」的持續居留等。尤其是
「難民」威脅到社會和政治的穩定，觸及港府的神經。為了改善
「難民」的生活和減少他們的寄居心態，港府新增社會福利署，
又改良徙置大廈的設計和規劃社區中心，並將調景嶺難民營改
造成為徙置平房區。

　　港府對「中國難民」的支援大增，於是尋求英國的協助。

---

131 Hong Kong Government, *Annual Report, 1959*, p. 7.

可是，倫敦和港府對「中國難民問題」的看法卻出現差異和矛盾，倫敦的拒絕援助更引致葛量洪的不滿。倫敦指日漸富裕的香港足以承擔「難民」的救濟重責，實際是不想增加英國的財政負擔以及引起其他殖民地仿效，也避免觸發外交糾紛。大致上，倫敦對「難民問題」的看法沒變，港府卻由於「難民」和香港社會關係的轉變而需要採取新的應對手段。宗主國和殖民地的關係也因而變得緊張。

聯合國增加對「中國難民問題」的關注並展開討論，雖然有關法律地位和救濟資格的爭議依然沒完沒了，但 1957 年通過的決議案總算讓全世界再次認識「中國難民」的苦況和救助的迫切性。聯合國的會議也再次反映倫敦如何被動地處理殖民地香港的「難民救濟」事宜，以及如何竭力阻撓台灣當局以至國際社會的干預。不過，來自英國國內和國外的壓力令倫敦的態度也不得不轉變。倫敦乘機支持英國青年倡導的「世界難民年」，並在運動期間積極援助「中國難民」。港府也和民間團體合作分派和運用來自世界各地的捐獻和物資，從而協助「中國難民」融入社會，以至改善全體居民的福利和康樂服務。

第四章

1960 年代和1970 年代香港政府新的「難民政策」

4.1 1962年5月的「大逃亡」事件及港府的應對

　　自從中國內地在 1958 年開展「大躍進」和「人民公社化運動」，到 1950 年代末和 1960 年代初開始出現「三年困難時期」。[1] 各地民眾紛紛逃離家鄉，南下至廣東地區等待機會逃亡。[2] 1962 年初，港府發現非法入境者數目持續上升。3 月，香港水警逮捕乘船偷渡的 19 名內地民兵和人民公社幹部。[3] 另外，數名偷渡的內地年青人不被視作「難民」，而被強行遣返內地，引起立法局非官守議員郭贊的質疑，要求港府解釋。輔政司白嘉時回應時只強調，禁止非法入境和實行遣返都符合政府一貫的出入境政策。[4]

　　粵港邊境到 1962 年 4 月下旬日漸混亂。寶安縣邊防鬆懈，

1　Frank Dikötter, *Mao's Great Famine: The History of China's Most Devastating Catastrophe, 1958-1962* (New York: Walker & Co., 2010), p. 333.

2　陳秉安：《大逃港》，頁 174-175，198；劉恆：〈從集體化到城市化：在寶安縣參加農村工作的一點體會〉，*http://www1.szzx.gov.cn/content/2013-04/22/content_8986978.htm*（深圳文史，第 10 輯），2019 年 10 月 11 日；李富林：〈我早期在寶安縣工作的回憶〉，*http://www1.szzx.gov.cn/content/2013-04/23/content_8987007.htm*（深圳文史，第 8 輯），2019 年 10 月 11 日。

3　"Extract from *Hong Kong Standard*, Thursday," (31 March 1962), *HKRS70-2-131: Border - Border Incidents PT. I*.

4　"Illegal Immigration: Statement to Legislative Council," (18 April 1962), *HKRS70-1-160*; Hong Kong Legislative Council, "Hong Kong Hansard: Reports of the Sittings of the Legislative Council of Hong Kong, 18 April 1962," *http://www.legco.gov.hk/1962/h620418.pdf* (Online Records of the Legislature), 11 December 2006.

外逃個案不斷增加。港府向殖民地部彙報，指兩地邊境尤其是東部大鵬灣一帶的內地邊防部隊「不逮捕，也不嘗試阻截逃亡者」，甚至協助和鼓勵偷渡。[5] 4 月底，廣東東莞、惠陽、海豐、陸豐的公安局局長和寶安縣黨政機關召開緊急會議。東莞公安局局長方苞憶述，所有與會者都同意，要令外逃事件減少，方法是改善民眾的生計，讓他們有飯吃。但與會者也明白，遠水不能救近火，大饑荒已逼得民眾走投無路，需要更直接快速的處理方法。[6] 結果在得到時任廣東省委第一書記陶鑄的默許後，1962 年 5 月 5 日寶安縣放寬民眾出境前往香港，[7] 藉此紓緩內地饑荒和資源緊張的問題。只是，廣東和寶安當局都不

---

5 "From Hong Kong Governor to Secretary of State," (10 May 1962), *HKRS742-14-1: Illegal Immigration - Land Frontiers New Territories and Marine, 03.09.1957-22.10.1965*, p. 26; "From Hong Kong (Sir R. Black) to the Secretary of State for the Colonies," (12 May 1962), *CO1030/1253: Immigration Control, Hong Kong (1961-1962)*, p. 175; "From the Right Honourable Reginald Maudling, M. P. to Governor House, Hong Kong," (19 June 1962), *HKRS742-14-1*, p. 128; "Illegal Immigration: Hong Kong," *CO1030/1254*, p. 176.

6 〈解密檔案：從大逃亡到大開放〉，*https://video.tudou.com/v/XNjY1NzQ1Njc2.html?spm=a2h0k.8191414.0.0&from=s1.8-1-1.2*（土豆網），2019 年 10 月 11 日；南方都市報編著：《深港關係四百年》（深圳：海天出版社，2007 年），頁 142。

7 "From the Secretary of State for the Colonies to Hong Kong (Sir R. Black)," (19 May 1962), *CO1030/1253*, p. 99; "CHINA EXODUS: Copied from Far Eastern Economic Review Dated 24th May 1962 (page 359)," *HKRS742-14-1*, p. 111；鄭赤琰：〈中國移民之外因〉，*https://www.china-week.com/html/278.htm*（中國報導週刊），2019 年 10 月 11 日；陳永發：《中國共產革命七十年》（下冊）（台北：聯經出版公司，1998 年），頁 726-727；陳秉安：《大逃港》，頁 176-177，184；周肇仁：《寶安邊境鬥爭紀事》，頁 71-72。

曾預料，這次放寬一發不可收拾，竟引致「大逃亡」的出現。

關於 1962 年「大逃亡」的人數難有確切統計，本書只能摘錄部分較合理及可信的數據以拼湊出大致的歷史模樣。1962年 5 月，經寶安邊境逃往香港的人數大幅增加，每天大約 100人以至 1,000 人；5 月 15 日達到最高峰，一天內共 4,977 名外逃者。[8] 1962 年 5 月 10 日，數以百計的饑民從寶安縣的沙頭角逃往香港，當中包括民兵。[9] 其時每晚聚集寶安縣深圳鎮的可能逃亡者約 4,000 人至 5,000 人，最高峰更超過 8,000 人。除了人數眾多，「大逃亡」的嚴重性還體現在：「難民」來自廣東省 62個縣以及全國另外 12 個省。[10] 港府指初時「難民」主要是廣東

8　"From Hong Kong Governor to Secretary of State," (10 May 1962), *HKRS742-14-1*, p. 26; "From Hong Kong Governor to Secretary of State: Following Figures for the Arrest and Return of Illegal Immigrants on the Land Frontier Indicate Present Positions," (11 May 1962), *HKRS742-14-1*, p. 27; "From Hong Kong (Sir R. Black) to the Secretary of State for the Colonies," (12 May 1962), *CO1030/1253*, p. 175; "Hong Kong Moves to Stop Illegal Immigration from China," (14 May 1962), *CO1030/1253*, p. 164; "From Hugh Fraser to Henry Brooke," (23 May 1962), *CO1030/1261: Representations about Immigration Control in Hong Kong*, p. 94; "Extract: L.I.C. Monthly Intelligence Report," (8 June 1962), *CO1030/1254*, p. 98, 101; "From the Right Honourable Reginald Maudling, M. P. to Governor House, Hong Kong," (19 June 1962), *HKRS742-14-1*, p. 128; "Illegal Immigration: Hong Kong," *CO1030/1254*, p. 176；寶安縣委：〈關於制止群眾流港工作的情況報告〉（1962 年 7 月 12 日），（深圳市寶安區檔案館檔案彙編：檔案號不詳），頁 72。

9　《工商日報》（1962 年 5 月 11 日）。

10　寶安縣委：〈關於制止群眾流港工作的情況報告〉（1962 年 7 月 12 日），頁 72-73。

圖 04-001：1962 年，內地偷渡者與香港警察對峙。（圖片由梁偉基博士提供）

圖 04-002：1962 年 5 月，大量內地民眾在邊界聚集，伺機於夜晚偷渡。（圖片由阮志博士提供）

圖 04-003：1962 年在邊界被截獲的內地偷渡者。（圖片由高添強先生提供）

"LOWU" MAIN GATE OF SINO-BRITISH BORDER

圖 04-004：1962 年內地和香港邊界的主要關卡羅湖。（圖片由周家建博士提供）

的農民和非技術工人，5 月中以後廣東鄰近地區的學生和城市居民也不斷湧入。[11]

港府在邊境和新界地區架設鐵絲網和探射燈，並拘捕非法入境者。港府又借用鄰近兩地邊境的粉嶺警察訓練營，集中管理被捕的「難民」，提供糧食和醫療服務，並和內地邊防部門協商和安排遣返工作。1962 年 5 月 1 日至 5 日，1,187 名「難民」被捕，他們連同此前被捕者共 4,590 人被遣返；到 5 月 6 日至 10 日則有 5,040 人被捕，4,590 人被遣返。[12] 寶安縣黨委部門則指 4 月 27 日到 5 月 10 日，總共 7,474 名外逃者被遣返內地。[13]「大逃亡」發生後，部分香港居民到邊境和新界上水一帶尋找和接濟「難民」，甚至協助他們反抗警察的遣返行動。[14] 港府指「難民」

---

[11] "From Hong Kong (Sir R. Black) to the Secretary of State for the Colonies," (12 May 1962), *CO1030/1253*, p. 175; "Extract: L.I.C. Monthly Intelligence Report," (8 June 1962), *CO1030/1254*, p. 99.

[12] "From Hong Kong Governor to Secretary of State," (11 May 1962), *HKRS742-14-1*, p. 27; "From Hong Kong (Sir R. Black) to the Secretary of State for the Colonies," (11 May 1962), *CO1030/1258: Deportation from Hong Kong of Illegal Immigrants (1960-1962)*, p. 17; "From Hong Kong (Sir R. Black) to the Secretary of State for the Colonies," (17 May 1962), *CO1030/1258*, p. 13.

[13] 寶安縣委：〈寶安縣關於當前邊防情況的報告〉(1962 年 5 月 10 日)，〈深圳市寶安區檔案館檔案彙編：檔案號不詳)，頁 154。

[14] "Illegal Immigration: Hong Kong," *CO1030/1254*, p. 176; "Extract: L.I.C. Monthly Intelligence Report," (8 June 1962), *CO1030/1254*, p. 99；香港無線電視：〈大逃港（上)〉，《星期日檔案》(2012 年 11 月 11 日)。

越來越蠻橫，部分人甚至被遣返兩三次後仍繼續偷渡。[15]

　　非自願的遣返措施引起外界不少批評，港府官員需要回應來自立法局、右派組織、英國議會，以及國際社會的質詢，這有助於理解港府「難民政策」的轉變。白嘉時解釋，遣返措施非常重要，香港難以再容納過多人口。如果不執行遣返，融合早期「難民」的政策也將失敗。港府又呼籲西方國家減少貿易限制，提供市場予香港產品，那將有利於居港「難民」的生計。白嘉時這時承認，過去希望把「難民」遷往「第三國」的措施沒有成效；而過分依賴救濟，對「難民」自己亦非好事，反而惹來外界的負面眼光。港府已放棄「短期救濟」和遷移「第三國」兩種方法，而是要把早期「難民」融入到本地社會，令他們成為香港居民。因此，港府將利用公帑興建房屋、醫院、學校、社區中心等，以滿足全體香港居民的需要。[16]

　　民間團體對大規模的遣返意見不一。雖然港府指施行措施是逼不得已，是為了保護香港的當下利益和長遠發展，但部分本地居民指責港府的遣返既不人道，也不合法。九龍商會指港府不該執行遣返，而應尋求聯合國的協助。長洲鄉事委員會和惠州同鄉會也對事件深表關注，期望港府採取寬大措施。71 個

---

15 "Notes for Supplementaries: 1. Present Situation," *CO1030/1255*, p. 10.

16 Hong Kong Legislative Council, "Hong Kong Hansard: Reports of the Sittings of the Legislative Council of Hong Kong, 13 June 1962."

註冊社團的 5 名代表與華民政務司麥道軻會面，請求港府暫時收容「難民」，不要把他們遣回內地。[17] 不過，也有部分工商業機構認同港府的行動，認為阻止大量非法入境者是明智之舉，縱然他們同時也呼籲國際社會的援助。[18]

　　港府的另一措施同樣引起爭議：大批在邊境和新界其他地區被捕的偷渡者遭遣返，成功抵達市區的卻獲准居留和申領香港身份證。[19]「大逃亡」期間，6 萬名內地非法入境者因此得以留在香港。[20] 黃紹倫和鄭宏泰認為，港府藉此「輸入」大批滿足當時「密集式」工業發展所需的勞動力：能夠逃避拘捕，到達市區的多為年青力壯者；而對經濟建設助益不大的老弱之輩則多已在邊境被捕和遭遣返，令人口不致過多。[21] 如此的「傾斜」政策引起新界鄉村領袖的不滿。這不但因為港府對內地偷渡者持「雙重標準」，而且措施給人一種新界遭歧視的感覺。新界領袖因而要求港府同等對待所有非法入境者，元朗屏山鄉事委

---

17 《星島日報》（1962 年 5 月 9 日）；《工商日報》（1962 年 4 月 10 日、5 月 30 日）。

18 《星島日報》（1962 年 6 月 7 日）。

19 "Hong Kong Daily Information Bulletin: Illegal Immigration: Statement to Legislative Council," (18 April 1962), *CO1030/1243: Border Incidents, Hong Kong/China (1960-1963)*, p. 52; "From Hong Kong Governor to Secretary of State," (7 May 1962), *HKRS742-14-1*, p. 23; "Hong Kong Immigration Controls," *CO1030/1255*, p. 21.

20 Hong Kong Government, *Annual Report, 1962* (Hong Kong: Government Printer, 1963), pp. 212-213.

21 鄭宏泰、黃紹倫：《香港身份證透視》，頁 131。

員會更要求港府簽發身份證予新界被捕者。[22] 鄉議局作為連繫港府和新界地區的重要機構，[23] 其主席陳日新與新界民政署署長區歲樂（John Aserappa）會面，要求港府澄清對於新界被捕非法入境者的政策，並且給予他們身份證。雖然區歲樂在書面回覆中強調不會為新界被捕者簽發身份證，但自從鄉議局作出抗議後，在新界鄉村被警察拘捕的偷渡者開始減少。[24]

4.2 英國政府對「大逃亡」的反應

雖然英國國會議員曾多次批評港府在「大逃亡」期間的遣返措施，將其指責為「德國柏林圍牆般阻礙『難民』自共產主義政權逃亡」，[25] 殖民地部仍然認同港府的做法，認為管制和遣返非法入境者對香港這個人煙稠密的殖民地至關重要，因而讚

22 《星島日報》（1962 年 5 月 30 日）；《工商日報》（1962 年 5 月 30 日）。

23 薛鳳旋、鄺智文編著：《新界鄉議局史：由租借地到一國兩制》（香港：三聯書店〔香港〕有限公司；香港浸會大學當代中國研究所，2011 年），頁 7-12；Lee Ming-kwan, "The Evolution of the Heung Yee Kuk as a Political Institution," in *A Reader in Social History*, ed. David Faure (Hong Kong: Oxford University Press, 2003), pp. 597-602; Miners, *The Government and Politics of Hong Kong*, pp. 197-200.

24 《星島日報》（1962 年 6 月 3 日）；《工商日報》（1962 年 6 月 11 日）；"Extract from *Hong Kong Standard*," (3 June 1962), *HKRS70-1-160*; "Extract from *South China Morning Post*," (6 June 1962), *HKRS70-1-160*；鄭宏泰、黃紹倫：《香港身份證透視》，頁 124。

25 《工商日報》（1962 年 5 月 24 日）。

賞港府對「大逃亡」事件的處理。[26] 同時，英國外交部也表態支持港府把早期「難民」融入社會的政策。[27] 由於香港和廣東沒有官方聯繫機制，「大逃亡」危機需要倫敦和北京透過外交途徑處理。港府和倫敦知悉寶安縣的「放寬出境」措施，英國人相信「大逃亡」是中國內地用作「紓緩民眾不滿」的舉措，[28] 而非有意針對香港。英國駐華代辦官員也建議港府對「大逃亡」「不要過分激動」，[29] 英國外交部也盡量避免外界尤其是台灣方面的干預，以免觸怒北京，阻礙雙方談判。[30] 5 月 10 日，港府內部討論如何和內地邊防部隊合作加快遣返。[31] 英國外交部認為除非「大逃亡」進一步惡化，否則港府不應直接和廣東當局對話，港督柏立基表示同意。[32] 5 月 19 日港府又在新界東部擴充邊境禁

26 "*Hong Kong Standard*," (16 May 1962), *HKRS70-1-160*.

27 《工商日報》（1962 年 11 月 17 日）。

28 "Chinese Immigration into Hong Kong," *CO1030/1253*, pp. 129-130.

29 "From Charge d'Affaires Peking to Foreign Office," (19 May 1962), *HKRS742-14-1*, p. 71; "From the Secretary of State for the Colonies to Hong Kong (Sir R. Black)," (20 May 1962), *CO1030/1253*, p. 79.

30 Mark, "The 'Problem of People'," pp. 1175-1179.

31 "From Hong Kong Governor to Secretary of State," (10 May 1962), *HKRS742-14-1*, p. 25; "From Hong Kong (Sir R. Black) to the Secretary of State for the Colonies," (12 May 1962), *CO1030/1253*, p. 177.

32 "From Charge d'Affaires Peking to Foreign Office," (9 May 1962), *HKRS742-14-1*, p. 24; "From Hong Kong Governor to Secretary of State," (10 May 1962), *HKRS742-14-1*, p. 25; "From the Secretary of State for the Colonies to Hong Kong (Sir R. Black)," (11 May 1962), *CO1030/1253*, p. 186.

區範圍，以及新增邊境鐵絲網，[33] 顯示其時逃亡情況仍然嚴重。

事實上，直到 5 月中旬，逃亡潮仍未得到有效制止。5 月 19 日英國駐華官員向中華人民共和國外交部了解「大逃亡」的原因和解決方法，當時中方承諾調查和跟進。[34] 倫敦仍然認為中國內地不大可能故意製造「大逃亡」來「淹浸」香港或為香港製造麻煩困難，況且寶安縣也十分願意接收被港府遣返者。[35] 無論如何，中英外交官員會面後，北京似乎決心解決問題。[36] 僅一天後，澳門華人領袖何賢即向港府表示內地嚴格的出境管制將於 5 月 20 日恢復。最終內地邊防部隊在 5 月 22 日重新嚴控

---

33 "Closed Border Area Extended, Order Signed by Governor: Extracted from the Daily Information Bulletin of Saturday," (19 May 1962), *HKRS70-2-132: Border - Closed Frontier Area*; "Extract: L.I.C. Monthly Intelligence Report," (8 June 1962), *CO1030/1254*, p. 99; "From the Right Honourable Reginald Maudling, M. P. to Governor House, Hong Kong," (19 June 1962), *HKRS742-14-1*, p. 128; "Memorandum for Executive Council: Resumption of Land for the Purpose of Erecting A New Frontier Fence," (3 August 1962), *HKRS742-12-1*, p. 22; "Illegal Immigration: Hong Kong," *CO1030/1254*, p. 176；《工商日報》（1962 年 5 月 20 日）；陳昕、郭志坤編：《香港全紀錄》（第 2 卷）（上海：上海人民出版社，1997 年），頁 27。

34 "From the Secretary of State for the Colonies to Hong Kong (Sir R. Black)," (11 May 1962), *CO1030/1253*, p. 186; "Extract from *China Mail*," (18 May 1962), *HKRS70-1-160*; "Notes for Supplementaries: 3. Possible Measures," *CO1030/1255*, p. 11；《工商日報》（1962 年 5 月 22 日）。

35 "From: Charge d'Affaires Peking to Foreign Office," (23 May 1962), *HKRS742-14-1*, p. 93; "Illegal Immigration: Hong Kong," *CO1030/1254*, p. 177.

36 "Extract from *South China Morning Post*," (25 May 1962), *HKRS70-1-160*；《工商日報》（1962 年 5 月 26 日）；鄧開頌、陸曉敏主編：《粵港關係史》，頁 295-296。

出境，北京更要求全面封鎖寶安邊境至 7 月 8 日，[37] 以徹底阻截「外逃」活動。

據港府資料記載，部分非法入境者向香港警察表示，5 月 22 日是內地邊防部隊「准予」他們進入香港的最後限期。這再次證實寶安縣「放寬出境」的措施。時任廣東省委第二書記趙紫陽南下寶安縣親自指揮反偷渡工作，寶安縣也成立反偷渡領導小組和外流群眾處理工作辦公室，下令邊防部隊加強攔截和逮捕外逃者，並把被香港遣返者再遣送回家鄉。[38] 5 月底，「大逃亡」大致得以平息，偷渡人數大幅減少。[39] 港府在 5 月 25 日

37 "From the Secretary of State for the Colonies to Hong Kong (Sir R. Black)," (19 May 1962), *CO1030/1258*, p. 10; "From Hong Kong (Sir R. Black) to the Secretary of State for the Colonies," (22 May 1962), *CO1030/1253*, p. 50; "Extract: L.I.C. Monthly Intelligence Report," (8 June 1962), *CO1030/1254*, p. 100；陳秉安：《大逃港》，頁 234。

38 "From Hong Kong Governor to Secretary of State," (22 May 1962), *HKRS742-14-1*, p. 81; "Frontier Pol/Mil Control: Daily Report for 24 Hours Ending 0800 Hours," (23 May 1962), *HKRS742-14-1*, p. 85; "From Hong Kong (Sir R. Black) to the Secretary of State for the Colonies," (23 May 1962), *CO1030/1258*, p. 8; "Frontier Pol/Mil Control: Daily Report for 24 Hours Ending 0800," (24 May 1962), *HKRS742-14-1*, p. 92; "Frontier Pol/Mil Control: Daily Report for 24 Hours Ending 0800 Hours," (25 May 1962), *HKRS742-14-1*, p. 96; "Extract: H. K. Police Special Branch Summary - July '62," *CO1030/1254*, p. 69；寶安縣委：〈關於制止群眾流港工作的情況報告〉（1962 年 7 月 12 日），頁 74-78；〈解密檔案〉；寶安縣地方志編纂委員會：《寶安縣志》（廣州：廣東人民出版社，1997 年），頁 559。

39 "Extract from *China Mail*," (25 May 1962), *HKRS70-1-160*; "From the Right Honourable Reginald Maudling, M. P. to Governor House, Hong Kong," (19 June 1962), *HKRS742-14-1*, p. 128；《工商日報》（1962 年 5 月 27 日）。

宣佈不再借用粉嶺警察訓練營收容偷渡者。[40] 其時港府確定內地邊防部隊已嚴格規控寶安邊境，因此「未來一段日子不太可能再有同樣嚴重的非法入境問題」。[41] 到 1962 年 6 月底，兩地邊境重歸平靜，出入境也漸趨正常，內地再次發出前往香港的通行證。10 月 25 日新界的邊境禁區縮小至 5 月前的範圍。[42] 根據寶安縣當局的統計，1962 年 4 月 27 日到 7 月 8 日，經寶安邊境外逃者大約 8 萬人，當中 58,810 人被港府遣返內地。[43]

北京知道，社會主義中國的大規模民眾逃亡在冷戰時期會引起國際社會的關注，若曠日持久，必將更加損害國家的形象。[44] 1962 年 5 月美國民間便成立了美國救濟中國難民委員會，由陳香梅任主席。國民黨也以「大逃亡」作為反共素材，

40 "From Hong Kong (Sir R. Black) to the Secretary of State for the Colonies," (26 May 1962), *CO1030/1258*, p. 5；《工商日報》（1962 年 5 月 25 日）。

41 "Frontier Control: Daily Report for 24 Hours Ending 0800 Hours," (26 May 1962), *HKRS742-14-1*, p. 100; "Extract: L.I.C. Monthly Intelligence Report," (8 June 1962), *CO1030/1254*, p. 100.

42 "Extract from *China Mail*," (25 May 1962), *HKRS70-1-160*; "Extract: Hong Kong Special Branch Summary - June 1962; Incidents at Lo Wu," *CO1030/1254*, p. 75；《工商日報》（1962 年 5 月 20 日、5 月 30 日、6 月 28 日、10 月 26 日）；陳秉安：《大逃港》，頁 197，234。

43 寶安縣委：〈關於制止群眾流港工作的情況報告〉(1962 年 7 月 12 日)，頁 72-73。

44 鄧開頌、陸曉敏主編：《粵港關係史》，頁 295-296。

出版刊物，宣傳中共「正在崩潰」，[45] 並宣稱會全力協助逃亡的「難胞」，包括安排他們轉移到台灣。[46] 倫敦認為，這只是國民黨的政治宣傳伎倆，和 1950 年代一樣，他不會接收大量的內地「難民」。英國外交部形容，台灣方面只是「紙上談兵」。[47] 港府對國民黨的接收建議也不以為然，甚至加以「拒絕」，引致右派團體的抗議。其後港府提出「反建議」，鼓勵台灣當局先接收調景嶺的「難民」，[48] 藉此暗諷其過去接收「中國難民」行動的「雷聲大雨點小」。

　　1962 年初，北京處於內外交迫的境況。除了國內繼續面對饑荒等困難，國際形勢亦不斷惡化。其中包括國民黨對中國大陸東南沿海進行騷擾，[49] 倫敦擔心香港變成蔣介石「反攻大陸」的基地。「大逃亡」的出現加深了倫敦的憂慮。另一方面，倫敦明白只要和北京商討，逃亡問題就有望解決，因此儘量避免其

---

45 《華僑日報》（1962 年 8 月 26 日）；錢庠理：《歷史的變局：從挽救危機到反修防修，1962-1965》（中華人民共和國史‧第 5 卷）（香港：香港中文大學當代中國文化研究中心，2008 年），頁 2-3；陳秉安：《大逃港》，頁 238-240；中國大陸災胞救濟總會編：《五月逃亡潮救濟專輯》，頁 1-13。

46 《工商日報》（1962 年 5 月 22 日）；"Extract from *Hong Kong Standard*," (9 May 1962), *HKRS70-1-160*; "Extract from *Hong Kong Standard*," (12 May 1962), *HKRS70-1-160*.

47 "Extract from *South China Morning Post*," (19 May 1962), *HKRS70-1-160*; "Extract from *China Mail*," (23 May 1962), *HKRS70-1-160*；《工商日報》（1962 年 5 月 24 日）。

48 《工商日報》（1962 年 5 月 25-26 日）。

49 《工商日報》（1962 年 6 月 24 日）；《大公報》（1962 年 6 月 24 日）；錢庠理：《歷史的變局》，頁 261。

他國家或機構的干擾以至從中撈取政治本錢,否則將破壞「與中華人民共和國當局合作恢復邊境管制的機會」。[50] 的確,台灣方面甚少援助以至接收 1962 年「大逃亡」的內地民眾,卻不斷尋求聯合國對事件的干預,後來稱不隨意接收「難民」是因為中共間諜可能藉此滲透。國民黨又批評港府的大規模遣返行動,[51] 結果引來倫敦反擊,警告他不要干涉英國的殖民地事務。[52]

4.3 「中國難民」和香港社會的進一步融合

1962 年 12 月 7 日,港府刊登憲報,宣佈正式恢復邊境禁區原狀,[53]「大逃亡」算是告一段落。雖然 1962 年 8 月柏立基授權警務處成立「防止非法偷渡科」,[54] 但直到 1980 年,內地

---

50 "Extract from *China Mail*," (18 May 1962), *HKRS70-1-160*; Mark, "The 'Problem of People'," pp. 1175-1179.

51 "Extract from *China Mail*," (29 May 1962), *HKRS70-1-160*;《工商日報》(1962 年 5 月 25 日)。

52 "Extract from *China Mail*," (18 May 1962), *HKRS70-1-160*.

53 《工商日報》(1962 年 12 月 8 日)。

54 Immigration Department of Hong Kong, *Annual Departmental Report for the Financial Year 1961/1962 and 1962/63* (Hong Kong: Government Printer, 1963), p. 10.

民眾非法進入香港的問題仍此起彼落。[55] 在 1950 年代中期宣佈「難民融合」計劃後,港府已很少用「難民」稱呼此後非法入境的內地民眾,而通常稱他們為「非法入境者」或「偷渡者」。白嘉時重申,港府將一方面融合居港的內地移民,一方面堵截新的非法入境者,不讓他們在港居留。[56] 其時越來越多內地民眾黑夜乘船來港,[57] 他們需蜷縮在狹窄的空間,如蛇一般,故被稱作「人蛇」,而船隻就被稱作「蛇船」。至於「蛇頭」則收取「人蛇」費用,安排他們偷渡入境。[58] 另外,從廣東西部先前往澳門,再藉機逃至香港的個案也有所增加。[59]

---

[55] "Extract: L.I.C. Monthly Intelligence Report - September 1962," *CO1030/1254*, p. 51; "Overt Intelligence Report No. X7001: Extracted from Hong Kong Police SB Summary for June 1962," (3 August 1962), *HKRS742-14-1*, p. 140; "Extracts from *Wah Kiu Yat Pao*," (13 September 1965), *HKRS437-1-4*.

[56] C. B. Burgess, "Statement on Hong Kong's Population Problem," (13 June 1962), *CO1030/1685: Chinese Refugee (1963-1964)*, pp. 237-245.

[57] 《華僑日報》(1974 年 1 月 11 日)。

[58] 陳昕、郭志坤編:《香港全紀錄》(第 2 卷),頁 51;"Illegal Immigration to Hong Kong," (18 January 1973), *FCO21/1143: Immigration from China to Hong Kong, 1973 Jan 01-1973 Dec 31*, p. 170; "Illegal Immigrant Intsum – November 1977," *HKRS437-1-12: Illegal Immigrant Report - G.E.F. (22.03.1977-21.11.1979)*; "Communist Officials Link with Snake-heads. Use She Hau in C. T. as a 'Stepping Stone' to Smuggle 'Human-Snake' into the Colony," *HKRS437-1-4*.

[59] "From Sir D. Trench to the Secretary of State for the Colonies," (14 July 1965), *CO1030/1686: Chinese Refugee (1964-1965)*, p. 179; "Assessment of Illegal Immigration from Macau," (22 May 1979), *HKRS908-1-72: Illegal Immigration - Discussion Papers for J.O.C.G., 04.1979-15.08.1979*;陳昕、郭志坤編:《香港全紀錄》(第 2 卷),頁 77。

1962 年至 1974 年期間，港府對內地民眾非法入境的政策實際上並不如白嘉時所說般明確。一方面，在新界北部邊境被捕的偷渡者會被警務處邊境部門和水警聯合審問，多數人在被捕 48 小時後經由主要的陸路通道羅湖遣返內地。[60] 因為寶安縣邊防人員只接收自願遣返者，假如偷渡者拒絕接受遣返，港府通常會繼續羈留他們，迫使偷渡者最終自願返回內地。[61] 遣返行動繼續被救總和右派團體批評，也有英國國會議員關心港府實行遣返的考量和準則，詢問是否有逃避政治迫害的「政治難民」不被庇護。[62] 港府強調依既定程序審核每名非法入境者的背景和資料，以決定准予居留抑或強行遣返，又指沒聽聞被遣返者會受到內地當局的嚴厲處罰。[63] 另一方面，非法入境者只要到達市區並和親戚朋友取得聯繫，大多獲准在香港居留。[64] 這種「差別對待」大致延續了前述 1962 年的做法，用作吸納香港經濟發展所需的勞動力，而且確保新來者能獲得接濟，不致過分增加社會負擔。港府和民

---

60 "Mr. & Mrs. MAK Chun-kuen – Illegal Immigrants. Petition from Mr. CHAN Sun-wing on their behalf for Permission to Stay in Hong Kong," (29 August 1966), *HKRS437-1-4*.

61 "Subject: -Headquarters Order NO.159 of 1963 Part One," *HKRS437-1-4*.

62 "From the Secretary of State for the Colonies to Sir R. Black," (23 January 1964), *CO1030/1685*, p. 183；《工商日報》（1962 年 12 月 20 日）。

63 "Written Answer in the House of Commons on 28 January," (30 January 1976), *HKRS545-1-23-1: Illegal Immigration 1962-79*; "Hong Kong Immigrants, Hansard," (15 May 1964), *HKRS545-1-23-1*.

64 "Hong Kong's Population – Effects of Legal and Illegal Immigration," (2 January 1973), *HKRS908-1-61*.

圖 04-005：1963 年大坑東的天台學校。（圖片由高添強先生提供）

圖 04-006：1967 年石硤尾一所天台小學。（圖片由高添強先生提供）

間團體更公開鼓勵非法入境者前往市區人事登記處登記，等候領取身份證，避免他們藏匿於市區各處，成為「黑市居民」，造成社會不穩。[65] 而據 1973 年偷渡來港的劉夢熊所稱，當年甚至有偷渡者前往新界西北邊境尖鼻咀的警署「自首」，也能獲准留港。[66]

早在 1965 年，港府內部曾討論上述出入境措施，但官員立場不太一致。人民入境事務處處長戈立（Walter Collard）指香港沒有明確的政策應對內地民眾非法入境，「情況不太令人滿意」，他認為所有偷渡者都不應獲發身份證。港督戴麟趾則傾向為已經前往人事登記處登記的非法入境者簽發身份證，因為這有助於把他們融合到本地社會，而且鼓勵其他居港者登記個人資料。否則，社會上將形成一批沒有香港身份證的「二等公民」，可能引發不滿和犯罪行為。保安司陸鼎堂（Donald Luddington）指出，准許部分偷渡者居留是一個「政治決定」。他承認香港的「難民問題」被西方國家過分渲染和誇大，但又強調許多國家和地區確實關注港府如何對待逃離中國內地的民眾，因此難以對已經長途跋涉抵達市區的偷渡者實行隔離或懲罰，而起訴他們更是意義不大。至於融合政策則有助於港府抗拒一些「特別難民救濟機構」在香港的運作，暗示這些機構懷有慈善救濟以外的其他目的。另外，戴麟趾認為拘留偷渡者的時間不得少於 2 天，最好有

---

65 鄭宏泰、黃紹倫：《香港身份證透視》，頁 125；《工商日報》（1968 年 2 月 14 日）。
66 鳳凰衛視：〈黑潮：30 年逃港風波紀實（三）〉，《鳳凰大視野》（2007 年 11 月 21 日）。

大約 5 至 6 天，讓他們可申辯和解釋不應被遣返的理由。陸鼎堂承認港府對待「邊境被捕者」和「抵達市區者」持雙重標準，著實有點不正常，但相信市民會理解港府的「拘捕和遣返政策」。港府政治顧問伊理覺（Anthony Elliott）就十分關注「政治難民」的問題，又認為在邊境被捕的老人或兒童「難民」個案較敏感和複雜，必須小心處理，不能隨意遣返。**67**

與此同時，對於早期的「中國難民」或移民，港府繼續融合政策，不過社會福利的改良似乎進展緩慢、成效不彰，否則也未必有之後的「六七暴動」。社會福利署副署長祁略（N. F. Cragg）強調，積極的福利工作應逐漸取代消極的物質援助。**68** 但直到 1965 年，香港的社會福利政策才開始出現。1965 年 5 月 13 日，立法局通過香港第一部《社會福利政策白皮書》，提出「政府應採取審慎的立場，在不損害香港經營發展的原則下，為最貧困和有需要的人提供最基本的福利服務」。周永新認為其只著重過去，沒有分析未來的問題，還嘗試維持現況。**69** 當時港府又提出「社區建設」的概念，重申協助包括「中國難

---

67 "Annex B: Illegal Immigrations from China and Macau," *HKRS881-1-17: Illegal Immigration Working Party, 12.09.1963-06.09.1966.*

68 邢福增：〈「基督教新村」的社會服務工作〉，頁 165。

69 周永新：〈香港社會福利政策的沿革〉，載於程美寶、趙雨樂合編：《香港史研究論著選輯》（香港：香港公開大學出版社，1999 年），頁 379-380，386-387；陳昕、郭志坤編：《香港全紀錄》（第 2 卷），頁 57。

民」在內的香港居民適應環境，提升社會整合程度，但仍未期望和推動居民積極參與社會事務。[70] 港府過去依靠東華三院、街坊福利會等民間團體作為「中間人」聯繫普羅大眾，1960 年代中期就增設政府和市民直接溝通的渠道，包括 1964 年成立立法和行政兩局非官守議員辦事處，到 1965 年又有市政局議員分區接見市民計劃。[71]

　　港府繼續興建徙置大廈和社區設施，但住屋問題仍然嚴重。[72] 到 1963 年，平均每天有 500 名「難民」遷入各種較安全的固定房屋。[73] 但 1964 年香港仍有接近 50 萬人居於木屋或天台屋。[74] 1965 年，香港的公共屋邨住戶人數達到百萬；[75] 更有意義的是，港府在同年正式將「徙置區」改名「新區」，[76] 減少居民被安置和救濟的感覺，鼓勵他們自力更生。名稱的變更也反映，「徙置工作已不再是一種應付急需的臨時措施，新區的設計是整個新市鎮的建設。新區多在郊區闢建，大多數在新界，

70 呂大樂：《那似曾相識的七十年代》（香港：中華書局〔香港〕有限公司，2012年），頁 125。

71 香港政府：《一九七三年香港年報》（香港：政府印務局，1974 年），頁 5-6。

72 Dial, "An Evaluation of the Impact of China's Refugees in Hong Kong on the Structure of the Colony's Government in the Period following World War II," p. 134.

73 Welsh, *A History of Hong Kong*, p. 462.

74 Carroll, *A Concise History of Hong Kong*, p. 149.

75 陳昕、郭志坤編：《香港全紀錄》（第 2 卷），頁 62。

76 華僑日報編：《1966 年香港年鑑》（香港：華僑日報，1966 年），頁 73。

這不但可以疏散市區過度稠密的人口，而且可以幫助工業區的發展」。[77]「新區」公共房屋的設施也有了改善：1954 年石硤尾大火後到 1964 年 10 年間所建的徙置大廈多為 6、7 層高，缺乏獨立的浴室和洗手間；而自 1964 年以來興建的新區大廈樓高 16 層，設有電梯和垃圾槽，單位也裝設獨立水喉、洗手間和騎樓。[78] 1967 年，居於各新區的人口超過 100 萬，佔香港人口的四分之一。[79] 港府也繼續在人口 10 萬以上的新區興建社區中心，直屬社會福利署管理。每個社區中心設有露天球場、會堂和高座 3 個部分。到 1972 年香港有 8 間社區中心提供各類服務。[80] 另外，1968 年底，港府開始在人口超過 5 萬的新區興建 6 層高的福利大廈，由房屋司管理，設有非牟利的日間託兒所、圖書館、社團活動場所、家庭計劃指導所、普通疾病診療所、就業訓練中心，以及家庭個案辦事處等。[81]

　　1960 年「世界難民年」運動結束後，聯合國重申香港的「中國難民」需要緊急及長期的援助，要求聯合國和他的機構以

---

77 華僑日報編：《1966 年香港年鑑》，頁 75。

78 香港政府：《一九七〇年香港年報》（香港：政府印務局，1971 年），頁 122。

79 華僑日報編：《1968 年香港年鑑》（香港：華僑日報，1968 年），頁 81。

80 陳昕、郭志坤編：《香港全紀錄》（第 2 卷），頁 173；香港政府：《一九七二年香港年報》（香港：政府印務局，1973 年），頁 110-111。

81 華僑日報編：《1969 年香港年鑑》（香港：華僑日報，1969 年），頁 113；香港政府：《一九七二年香港年報》，頁 110-111；陳昕、郭志坤編：《香港全紀錄》（第 2卷），頁 173。

及志願團體增加金錢及其他方面的幫助，[82] 而 1964 年難民署和紅十字會等志願團體也曾打算到香港拍攝有關「中國難民」的紀錄片。[83] 但是總的來說，1960 年代開始，由於港府推行「融合難民政策」，強調社會服務和救濟無分「難民」和其他居民，倫敦也認為「香港面對的不是難民問題，而是移民問題」，[84] 聯合國難民署和國際社會逐漸冷淡對待香港的「中國難民問題」。英國指出，由於預期戰後歐洲難民危機將在 1965 年末解決，重點的難民救濟工作應該改為放在非洲、印度和尼泊爾等地，[85] 但不包括香港。聯合國難民署在 1960 年代中期也似乎更為關注由中國內地逃往香港的白俄羅斯難民，[86] 而非內地偷渡者。

當然，部分國家、地區和團體仍然關心和救濟早期「難民」及新抵港的偷渡者。[87] 美國繼續接收較多的「中國難民」，

---

82 "Report of the United Nations High Commissioner for Refugees," (1963), *CO1030/1683: Chinese Refugee (1963-1965)*, pp. 92-100.

83 "From U. K. Mis. Geneva to Foreign Office," (10 February 1964), *HKRS934-9-73*; "From Foreign Office to Hong Kong Governor," (24 February 1964), *HKRS934-9-73*.

84 "Brief for the United Kingdom Delegation to the General Assembly XIX Session," *CO1030/1686*, p. 242.

85 "Brief for the United Kingdom Delegation to the 13th Session of the Executive Committee of the United Nations High Commissioner for Refugees," *CO1030/1686*, p. 202.

86 "Joint ICEM/UNHCR Office in Hong Kong," (1965), *CO1030/1686*, pp. 79-80.

87 "Quarterly Report on World Refugee Projects – Received 24th February, 1965," *CO1030/1686*, p. 214.

並撥款興建大口環殘廢兒童醫院和捐贈糧食。[88] 一群自稱 1962
年「大逃亡」時逃往台灣的「中國難民」寫信予英國國會發言
人，希望英國國會討論香港的「中國難民問題」時抱持人道主
義立場，同情和營救逃出共產主義政權的人，又強調逃港者是
「難民」而非移民。[89] 救總主席谷正綱就多次致函聯合國難民署
以及英國國會議員，呼籲他們阻止港府遣返部分「中國難民」，
指應該讓「難民」自行選擇是否留在香港，以協助「自由世界」
對抗共產主義政權。[90] 另外，1963 年和 1965 年，世界路德會聯
合會和世界基督教協進會協助共 77 名「中國難民」移居玻利維
亞，[91] 香港圓桌會又在長洲興建「難民」村。[92] 國際社會服務社的
職員在人民入境事務處為獲准留港的偷渡者提供有關就業、居
住、教育等方面的資料和建議，幫助他們適應在港的生活。該

88 Holborn, *Refugees: A Problem of Our Time*, p. 679; "Edwin W. Martin to Colonial Secretary
    Gass," (13 June 1968), *HKRS307-3-7: World Refugee Year - Offer of Assistance from United
    States Government (10.01.1966-04.07.1968)*；《華僑日報》（1971 年 8 月 1 日）；《工
    商日報》（1971 年 10 月 28 日）。

89 "Prof. Ho Wen-hai to the Honorable Sir Harry Hylton-Foster," (5 May 1964),
    CO1030/1686, p. 321.

90 "Ku Cheng-kang to the Honorable John Rogers," (12 August 1965), *CO1030/1686*, pp.
    55-56.

91 "Observations on Emigration as a Solution to the Chinese Problem in Hong Kong,"
    CO1030/1683, pp. 82-89; Holborn, *Refugees: A Problem of Our Time*, p. 679.

92 《華僑日報》（1964 年 9 月 20 日）；《工商日報》（1973 年 6 月 7 日）。

社工作獲得入境事務處年度報告的讚賞。[93] 到了 1960 年代末，隨著香港社會逐漸富裕，不少國際救援組織和教會把救濟物資轉為用於其他國家和地區，而繼續服務香港的志願團體就越來越依賴港府的財政支援。[94] 1971 年中華人民共和國取代「中華民國」成為聯合國的中國代表，中華人民共和國和西方國家關係改善，香港的「中國難民」獲得的國際救助越來越少。北京再次強調香港不存在「中國難民問題」，批評難民署干涉內政，時任中華人民共和國外交部部長黃華要求停止所謂的「中國難民援助」。[95] 右派組織當然否定北京的說法，以及呼籲聯合國繼續救濟。[96]

1966 年，中國內地爆發持續十年的「文化大革命」。翌年香港則因「文革」影響以及社會潛藏的不滿而發生「六七暴動」。「文革」初期，偷渡逃港的內地民眾增加，[97] 甚至包括中央音樂學院院長馬思聰、陳獨秀的女兒陳子美，以及曾經擔任

---

93 Immigration Department of Hong Kong, *Annual Departmental Report for the Financial Year 1969/70* (Hong Kong: Government Printer, 1970), p. 4; Immigration Department of Hong Kong, *Annual Departmental Report for the Financial Year 1973/74* (Hong Kong: Government Printer, 1974), p. 36.

94 陳慎慶：〈香港基督新教社會福利事業的發展〉，頁 354-355。

95 《大公報》（1972 年 7 月 30 日）；《工商日報》（1972 年 11 月 20 日）；林芝諺：《自由的代價》，頁 345。

96 《工商日報》（1972 年 8 月 6 日、11 月 27 日）。

97 《工商日報》（1966 年 9 月 5 日、1968 年 3 月 17 日）；南兆旭：《解密深圳檔案》，頁 110-111。

寶安縣深圳鎮鎮長的蔡均賢。[98] 由於中國內地局勢混亂，港府無法和寶安縣邊防當局有效協調安排遣返，惟有准許大部分偷渡者居留。而「六七暴動」期間香港警察也疏於邊境的堵截和拘留工作。[99] 不過，「六七暴動」卻又加快港府融合「難民」的進度。1967 年至 1968 年任港府副布政司的姬達（Jack Cater）認為，「六七暴動」是香港戰後歷史的分水嶺，假如沒有這場「暴動」，港府不會推行任何改革。[100] 雖然 1950 年代港府已在房屋建設和部分社會服務中投入不少資源，但「暴動」後香港社會面貌確有重大變化。「六七暴動」顯示港府的管治並不穩固。即使港府強調大部分香港居民在「暴動」期間站在香港政府一邊，但與其說香港居民支持港府，不如說他們害怕中共和左派勢力。尤其對「中國難民」來說，「暴動」再次證明，雖然香港也受內地的政治運動影響，但相對於內地，香港受到的衝擊沒那麼嚴重，而且生活條件也比內地好。他們不但更加抗拒返回內地，也明白惟有支持港府的管治，即使是消極被動地支持，才能守住這最後的「避難所」。[101]「六七暴動」某程度上令更多「難民」

---

98 江關生：《中共在香港》（下冊）（香港：天地圖書有限公司，2012 年），頁 180-187；南兆旭：《解密深圳檔案》，頁 102。

99 邵善波、李璇：《對香港人口政策和入境政策的檢討及建議》，頁 4，10；Immigration Department of Hong Kong, *Annual Departmental Report for the Financial Year 1967/68* (Hong Kong: Government Printer, 1968), p. 42, 51.

100 張家偉：《六七暴動》，頁 9。

101 張家偉：《六七暴動》，頁 9，194。

以香港為家。「暴動」後港府決定改革，許多「難民」也支持和參與。

　　「六七暴動」結束後，港府開始加強全體居民的歸屬感，以鞏固殖民管治。雖然 1968 年 3 月基督教和天主教領袖仍然抨擊港府沒有資助福利工作，[102] 但從 1967 年起，港府大量使用「公民、社區、歸屬感」等字眼。[103] 1968 年，港府推出民政署計劃，委派民政主任「擔當政府與市民之間的橋樑」。[104] 官名暗含歧視的華民政務司（Secretary for Chinese Affairs）在 1969 年改稱民政司（Secretary for Home Affairs），傳達的理念清晰不過：無論來自內地的「難民」和移民，抑或香港出生的華人，所有香港的華人都不能再被視作獨立群體而和西人有不同待遇。[105] 之後港府舉行提倡「香港人用香港貨」的「香港週」以及嘉年華會「香港節」，旨在團結全體居民、營造香港的美好，令居民產生「我是香港人」的身份認同，並以此為榮。[106] 1970 年港府承認，「過去多年來，社會服務工作缺乏全盤計劃，僅限

---

102 陳昕、郭志坤編：《香港全紀錄》（第 2 卷），頁 89。

103 張家偉：《六七暴動》，頁 12。

104 香港政府：《一九七三年香港年報》，頁 5；Carroll, *A Concise History of Hong Kong*, p. 159.

105 陳昕、郭志坤編：《香港全紀錄》（第 2 卷），頁 102；Carroll, *A Concise History of Hong Kong*, p. 159.

106 華僑日報編：《1970 年香港年鑑》（香港：華僑日報，1970 年），頁 15；田邁修：〈六十年代／九十年代：將人民逐漸分解〉，載於田邁修、顏淑芬編：《香港六十年代》，頁 2；張家偉：《六七暴動》，頁 12；呂大樂：《那似曾相識的七十年代》，頁 21。

圖 04-007：1970 年港府在慈雲山舉行「香港節」活動。（圖片由高添強先生提供）

於設法解決當前最迫切的困難，而忽略其他方面的需求」。[107] 確實，1950 年代中期港府提出了「難民融合政策」，並藉「世界難民年」獲得的資源實行了具體的措施，但成效似乎不太顯著。「六七暴動」後港府重申考慮的已不只是「難民」的需要，而是全體居民的福祉，當然「難民」也會從中得益。港府加大改革力度，透過增加官民溝通和舉行大型活動來吸引居民對社會事務的關注和參與。再如港府成立以現金代替實物的新公共援助計劃，規定在港居住滿一年的貧民均可獲現金援助，於是無論「難民」、移民抑或本土出生的居民都有機會受惠。[108]

對「中國難民」有最直接影響的措施，應該是 1971 年 10 月 13 日立法局通過的《人民入境條例》。此前，非香港出生的華人，包括「中國難民」，均被視作移民，屬香港臨時人口，可以隨時被人民入境事務處處長拒絕入境和遞解出境。[109] 新的條例規定所有非本地出生華人，包括合法移民和非法入境者，以及原籍英國的人士，只要連續居港滿七年，便可獲得香港永久居留權和自由出入境權。新措施在 1972 年 4 月 1 日正式實

---

107 香港政府：《一九七〇年香港年報》，頁 1。

108 香港政府：《一九七〇年香港年報》，頁 1。

109 Hong Kong Legislative Council, "Hong Kong Hansard: Reports of the Sittings of the Legislative Council of Hong Kong, 13 October 1971," *http://www.legco.gov.hk/yr71-72/h711013.pdf* (Online Records of the Legislature), 19 August 2015；鄭宏泰、黃紹倫：《香港身份證透視》，頁 126；邵善波、李璇：《對香港人口政策和入境政策的檢討及建議》，頁 11。

行，[110] 港府因而革新香港身份證制度，身份證印章為黑色者代表持證人擁有香港永久居留權，印章為綠色則代表沒有永久居留權。[111] 港府指措施是為了增加香港居民的凝聚力和歸屬感。[112] 事實上這令非本土出生的華人，包括大量「中國難民」，與本土出生的居民一樣，享有相等的居留和出入境權利及保障。

　　由此可見，「六七暴動」後，戴麟趾政府增加了與居民的接觸，強化他們對殖民管治的信心，而且希望他們不但能夠認識社區，更參與社區的建設。1971 年 11 月接任港督的麥理浩（Crawford MacLehose）延續和加快了這種改革，期望令香港「由難民和移民暫居之地」演變為一個「有歸屬感和文化認同的共同體」。[113] 麥理浩具有改革的良好意願和決心，其履新時多方面的有利條件亦令改革措施較易推展。1970 年代初，香港逐漸從「一個疲於應付難民潮、窮困潦倒的殖民地，發展成一個穩定、日益繁榮的社會」。[114] 1971 年，香港出生人口首次超過總

110　Chan and Rwezaura, eds., *Immigration Law in Hong Kong*, pp. 10-11；陳昕、郭志坤編：《香港全紀錄》（第 2 卷），頁 138；《星島日報》（1972 年 3 月 24 日）。

111　鄭宏泰、黃紹倫：《香港身份證透視》，頁 128。

112　Hong Kong Legislative Council, "Hong Kong Hansard: Reports of the Sittings of the Legislative Council of Hong Kong, 13 October 1971;"《星島日報》（1972 年 3 月 24 日）。

113　呂大樂：《那似曾相識的七十年代》，頁 142。

114　香港政府：《一九七一年香港年報》（香港：政府印務局，1972 年），頁 2。

人口的半數，達到 56%，[115] 而一半人口在 21 歲以下。[116] 社會上有大量本土出生的年輕人，包括「中國難民」的子女，積極追尋自己的身份。這是來自內地的「中國難民」所缺少的。雖然內地民眾仍不斷進入香港，但大量「難民」造成的充滿不確定因素的環境已不復存在。港府有條件「令市民的注意力聚焦於香港乃他們的家，而香港政府是他們的政府」。[117]

1970 年代初，香港經濟的平均增長率達到 9.2%，為新興工業地區之首，[118] 成為亞洲四小龍之一。倫敦早在 1950 年代末已不再審核香港的年度預算，港府得以自由訂定稅務政策和房屋及社會福利計劃。而從 1960 年代開始，港府的財政和商業政策越來越自主，已如獨立國家般處理財政事務。[119] 港府於是能利用經濟成果推動基礎設施建設和社會服務的改革，而當時香港社會亦著實有這種需要。本土工業仍然以勞動密集型為

---

115 "The Economic and Financial Implications of Immigration," *HKRS163-8-13: Immigrant Statistics and Illegal Immigrants (14.11.1973-22.04.1976)*；冼玉儀：〈六十年代——歷史概覽〉，頁 80。

116 周永新：〈香港社會福利政策的沿革〉，頁 381。

117 呂大樂：《那似曾相識的七十年代》，頁 117，160。

118 謝均才：〈歷史視野下的香港社會〉，載於謝均才編：《我們的地方，我們的時間》，頁 15。

119 Carroll, *A Concise History of Hong Kong*, pp. 171-172；科大衛：〈回顧六十年代〉，載於香港中央圖書館編：《歷史與文化：香港史研究公開講座文集》（香港：香港公共圖書館，2005 年），頁 194；鄭赤琰：〈戰後香港政治發展〉，載於王賡武主編：《香港史新編》（上冊），頁 134。

主，依舊渴求大量穩定的廉價勞工，包括內地新移民；教育和社會福利的革新亦有助於提高勞動力的質素。而大規模的房屋建設則有助於把人口遷往新開發的工廠區和新市鎮。[120] 另外雖然 1967 年 1 月英國殖民地部取消後，英國對香港的政策只是「儘量不要讓中國太早收回香港」，[121] 但麥理浩仍希望令香港的生活水平遠超內地，增加日後英國和中國談判香港前途時的籌碼。[122] 因此其改革也是一種政治和外交的部署。

　　1972 年至 1973 年，亦即麥理浩出任港督的第一年，教育和社會服務部門首次用完所有預算經費，而且略有超支，Frank Welsh 認為這反映出港府終於肯在社會服務方面大力投資。[123] 港府在 1972 年發表《香港福利未來發展計劃》，首次清楚劃分政府與志願機構之間的職責，並具體規劃各種社會服務的發展。[124] 為配合「十年建屋計劃」，1973 年 4 月港府成立房屋委員會，[125] 接管由屋宇建設委員會、市政局房屋政策委員會、市政事務署屋宇事務科、徙置事務處，以及工務司署之房屋工作，負責

---

120 謝均才：〈歷史視野下的香港社會〉，頁 318-319。

121 陳昕、郭志坤編：《香港全紀錄》（第 2 卷），頁 75；Carroll, *A Concise History of Hong Kong*, pp. 171-172.

122 李彭廣：《管治香港：英國解密檔案的啟示》（香港：牛津大學出版社，2012 年），頁 21。

123 Welsh, *A History of Hong Kong*, p. 478.

124 周永新：〈香港社會福利政策的沿革〉，頁 389，392。

125 香港政府：《一九七五年香港年報》（香港：政府印務局，1976 年），頁 179。

策劃、興建和管理全港公共屋邨，也代表公共房屋「徙置」的色彩進一步淡化。[126] 至於 1970 年代初舉行的「清潔香港」和「撲滅暴力罪行」兩個大型活動，透過宣傳和教育，以及動員香港居民參與，藉以培養居民的「社區參與」意識和鞏固基層組織的建立，從而發展出一種新的生活方式和公共文化。[127] 港府解釋「撲滅暴力罪行」的推行和內地來港的移民有關：

> 罪行增加原因之一為甚多來港居民均居住於擁擠之住宅樓宇或多層大廈內，由於與其所熟悉之環境完全不同而有失落之感。既與傳統之宗族社會脫離，失去舊社會組織所給與之安全感，彼等發覺甚難以新關係代替過去之聯繫。如果與鄰居彼此背景不同，則大家相逢猶如陌路，最多亦不過相與點首招呼，仍無親切可言。[128]

這種隔膜和陌生不但傷害居港的「難民」和移民，也令罪案發生時「各家自掃門前雪」，危害社會穩定。於是運動的其中一項工作是由政府和地方組織、志願團體組成屋邨「互助委員會」，期望恢復傳統鄉村生活的社會聯繫和鄰里情誼。[129]

---

126 香港政府：《一九七三年香港年報》，頁 84。

127 呂大樂：《那似曾相識的七十年代》，頁 10，123。

128 香港政府：《一九七三年香港年報》，頁 7。

129 香港政府：《一九七三年香港年報》，頁 7-8。

4.4 從「抵壘政策」到「即捕即解」

戴麟趾和麥理浩推行改革以加強香港居民歸屬感和政府認受性之際，內地偷渡者數目又再增加。1970 年代初，作為「文革」的其中一項措施，中共重推「上山下鄉」運動，大批城市的青年知識分子被組織前往農村勞動和學習。部分青年或是害怕前途不明，或是逃避農村的艱苦生活，紛紛偷渡到香港。[130] 根據警務處的彙報，通常冬天較少游泳偷渡，但 1972 年 11 月游泳偷渡者沒有如以往般減少。其時，珠江三角洲的「蛇船」也顯著增加。戈立建議重新實施「文革」開始後停止的遣返行動，認為本地居民會支持，也不難反駁聯合國難民署和右派組織的批評。[131] 根據學者的統計，從 1970 年到 1973 年，偷渡時被截獲或向軍警自首的數字不斷增加，至於逃逸的數字更急速上升。[132] 港府

---

130 潘鳴嘯（Michel Bonnin）著，歐陽因（Annie Au-Yeung）譯：《失落的一代：中國的上山下鄉運動，1968–1980》（香港：中文大學出版社，2009 年），頁 367；"Hong Kong's Population – Effect of Legal and Illegal Immigration," (2 March 1973), *HKRS908-1-61*；《工商日報》（1973 年 6 月 9 日）；《華僑日報》（1973 年 6 月 29 日）；香港無線電視：〈大逃港（上）〉。

131 "Hong Kong's Population – Effects of Legal and Illegal Immigration," (2 January 1973), *HKRS908-1-61*.

132 實際數字請參本書附錄二。Chung-Tong Wu and Christine Inglis, "Illegal Immigration to Hong Kong," *Asian and Pacific Migration Journal*, Vol. 1, No. 3-4 (1992), p. 605；林潔珍、廖柏偉：《移民與香港經濟》（香港：商務印書館〔香港〕有限公司，1998 年），頁 17；邵善波、李璇：《內地居民移居香港政策、現況的檢討及政策建議》（香港：一國兩制研究中心，2002 年），頁 5。

統計處的報告指出，1973 年大約每一名內地偷渡者被捕，就有至少兩名逃脫。[133] 與此同時，由於內地當局放寬出境香港的申請，令合法抵港者數量也銳增，從 1971 年的 2,530 人增至 1972 年的 20,355 人以及 1973 年的 55,659 人。[134] 港府一向不容易限制內地合法移民的入境，惟有「照單全收」，並透過中英外交談判處理。[135] 雖然合法移民入境數目由 1973 年 9 月的每天平均 240 人減至 12 月的 85 人，而到 1974 年 9 月則維持 90 人，但始終無法減至兩地政府原先協議的 50 人。[136] 港府指合法移民中以小孩和老人較多，部分人只能逗留一年，部分人則持有前往海外的證件，但大部分人都不願離開香港。[137]

　　香港警察、入境處人員、英國海軍等聯合進行反偷渡。[138] 戈立指非法入境數目佔總入境數目的三分之一，也擔心可能醞釀一個非法的和地下的社會階層。[139] 港府經濟科發表研究報

---

133 "Statistics for Immigration from China, 1973," *HKRS163-8-13.*

134 香港政府：《一九七三年香港年報》，頁 106。

135 陳昕、郭志坤編：《香港全紀錄》（第 2 卷），頁 168；《工商日報》（1973 年 11 月 16 日）。

136 "Memorandum for Executive Council: Immigration from China," (10 September 1974), *HKRS394-29-64: Illegal Immigration from China, 20.03.1974-01.02.1975.*

137 "Chinese Immigrants," *HKRS163-8-13.*

138 Immigration Department of Hong Kong, *Annual Departmental Report for the Financial Year 1974/75* (Hong Kong: Government Printer, 1975), p. 8.

139 香港政府：《香港一九八一年：一九八○年的回顧》（香港：政府印務局，1981 年），頁 117；《工商日報》（1974 年 11 月 30 日）。

告，指和以往不同，1970年代內地移民為香港帶來的代價比利益多，例如令房屋供應和其他社區服務不勝負荷。[140] 1974年7月，按照房屋司黎保德（Ian Lightbody）的報告，假如內地合法和非法入境者繼續以同樣規模來港，而港府不予干預，香港未來十年將增加60萬移民人口，十年建屋計劃將需額外為此付出巨額投資。戈立向政府新聞處處長霍德（David Ford）表示，香港經濟不景氣，但政府各部門仍全力改善香港居民包括早期「難民」的生活水平，也尚有30萬名木屋居民需要安置。可是源源不絕的非法入境者卻為住屋、醫療、教育等帶來重大衝擊，也可能產生治安危機，令類似「六七暴動」的事件重演。他建議禁止非法入境者獲得居留，並把他們遣返原處。[141]

戈立的意見沒有全部獲接納，部分官員認為香港不可能完全禁絕偷渡者，尤其難以在市區進行搜查和拘捕，而且仍然希望吸納當中的勞動人口。港府指稱年輕力壯的偷渡者是「經濟資產」而非負擔；而從經濟角度而言，減少合法來港的老人更為重要和有價值。[142] 為重新實行遣返，港府政治顧問唐納德（Alan Donald）和新界政務司鍾逸傑（David Akers-Jones）數次前往深圳，和廣東省及寶安縣的外事和邊防官員會面，唐納德

140 "The Economic and Financial Implications of Immigration," (3 October 1974), *HKRS163-8-13*.

141 "Illegal Immigration – What is it Costing us?" (26 July 1974), *HKRS163-8-13*.

142 "The Economic and Financial Implications of Immigration," *HKRS163-8-13*.

又和新華社香港分社官員交換意見。[143] 中方批評港府要求內地限制合法出境香港的數量，但又容許非法入境者包括部分罪犯在香港居留。唐納德則加以否認。[144] 經過數輪談判，雙方最終議定，已抵達香港市區的偷渡者未必會被遣返；而在中國內地與香港邊境偷渡時被捕者，經過審查後，大部分會經由中國內地與香港邊境的陸路通道文錦渡遣回內地。港府事先會透過羅湖的中國旅行社向寶安縣當局提供遣返時間和名單，由內地邊防人員接收所有被遣返者。唐納德指，遣送通道選址文錦渡而非以往的羅湖，有助於減少公眾和記者的注意。[145]

　　港府內部也舉行保安會議討論相關安排，最後決定被捕的偷渡者會押往新界打鼓嶺警局。為減少不必要的麻煩和外界的負面報導，需要儘量在 48 小時內對被捕者進行審查以決定應否遣返，並阻止傳媒前往打鼓嶺。入境事務處職員先對被捕者作初步詢問，了解其背景資料，再由情報部門和政治部代表判斷該偷渡者有否情報價值。最後，被遣返者會被分批押上汽車，經文錦渡橋進入內地，由車上的入境處職員和香港警察負責把他們移交寶

143 "Shum Chun Railway Station, Tuesday, 12 November, 1974 10 a.m.," *HKRS394-29-64*.

144 "Record of Discussion at Shum Ch'un Railway Station: Tuesday, 27 August 1974 at 10 A.M.," *HKRS394-29-64*.

145 "Record of Conversation on the Return of Illegal Immigrants to China with Members of the NCNA on 27 January, 1975," *HKRS394-29-64*.

安縣邊防人員。[146] 行政局原則上同意恢復「文革」前遣返邊境被捕者的措施，而倫敦以及外交和聯邦事務部也基本同意該決定。中方對港府未必能把抵達市區的內地罪犯遣回頗有微言，也懷疑措施實行後港府能否抵受公眾壓力。港府則希望新的遣返行動能加強內地與香港的合作，從而鼓勵內地當局減少合法進入香港的民眾數目。[147]

1974 年 11 月 30 日，港府正式實施「抵壘政策」。內地偷渡者若能抵達市區，即所謂「抵壘」，並符合以下一項條件：接觸到香港的親戚朋友、擁有適當居所、能證明自己在香港出生、尋求政治庇護、提供機密情報等，可獲准在港居留，並在適當時候申領身份證。至於在邊境範圍被截獲的非法入境者，則會被遣返內地。同日，高級入境事務主任乘坐港府車輛，移交首批偷渡者予寶安縣邊防人員。[148] 港府恢復遣返措施，再度

146 "Security Branch: 'Outline Plan for Return of Illegal Immigrants to China'," (September 1974), *HKRS394-29-64*; "Notes of a Meeting of the Governor's Security Committee on Friday 4th October 1974," *HKRS394-29-64*; "Notes of a Meeting of the Governor's Security Committee on Friday 22nd November, 1974," *HKRS394-29-64*.

147 "Memorandum for Executive Council: Immigration from China," (10 September 1974), *HKRS394-29-64*; "Extract of a Meeting of the Governor's Security Committee held on 20th September, 1974," *HKRS394-29-64*.

148 "Information Paper: Legal and Illegal Immigrants from China," *HKRS163-8-14: Immigrant Statistics and Illegal Immigrants, (04.05.1976-15.08.1980)*；香港入境事務處：《入境事務處四十周年紀念》（香港：入境事務處，2001 年），頁 67。

引起人道主義組織和右派團體的責難。[149] 1974 年 12 月 25 日，蔣經國指「中華民國」歡迎所有來自中國大陸的「難民」，右派媒體不斷宣揚該言論，又指責港府的遣返阻止了「難民」來台灣。部分團體和律師則協助被捕者申請人身保護令，阻礙港府的行動。[150]「抵壘政策」也引起英國國會議員的關注。下議院議員 John Biggs-Davison 便曾質詢外交及聯邦事務部大臣有關港府接收和遣返「中國難民」的準則。[151]

實行「抵壘政策」後，內地非法入境者數目由 1974 年的 28,800 人減至 1975 年的 8,000 多人。[152] 入境事務處官員強調他們不屬於難民，只是尋求較好生活的非法入境者。[153] 當時在香港被稱作難民的，是因國家戰亂而從越南逃到香港的民眾。

149《工商日報》（1974 年 12 月 11 日、12 月 15 日）。

150 "My I.P.T. Chinese Stowaways," (27 December 1974), *HKRS394-29-64*; "Record of Conversation on the Return of Illegal Immigrants to China with Members of the NCNA on 27 January, 1975," *HKRS394-29-64*；《華僑日報》（1974 年 12 月 26 日）。

151 "PQW48 (17 JAN) Hong Kong Refugees," (22 January 1975), *HKRS394-29-64*; "To Immediate Hong Kong TELNO 43 of 20 January. Parliamentary Question: Return if Illegal Immigrants," (25 January 1975), *HKRS394-29-64*; "Parliamentary Question," (29 January 1975), *HKRS394-29-64*.

152 Wu and Inglis, "Illegal Immigration to Hong Kong," p. 605; Immigration Department of Hong Kong, *Annual Departmental Report for the Financial Year 1974/75*, p. 10; "Information Paper: Legal and Illegal Immigrants from China," *HKRS163-8-14*.

153 "1400 'Illegal Immigrants' from China have been Arrested in Nine Months," (December 1977), *HKRS545-1-23-1*.

港府把抵港的越南人安置在難民營和新界軍營，並進行甄別以決定他們屬於難民還是船民。而聯合國難民署當時所指稱和處理的「香港難民問題」也是針對越南難民而不再是「中國難民」。[154]

不過，規模史無前例的內地民眾逃港潮在 1976 年「文革」結束後出現。偷渡者從 1977 年的不足 1 萬人上升至 1978 年的超過 2 萬人。[155] 其中，1978 年 8 月到 1979 年 6 月更是內地歷來外逃最嚴重的時期。1978 年，來自內地的合法和非法入境者數目首次超過當年香港的出生人口。[156] 除了沿用傳統方法偷渡，也多了「人蛇」乘坐快艇在港九、新界、離島各處登陸，又有偷渡者藏匿於火車之中抵港。合法入境者則持內地簽發的各種旅行證件經過羅湖進入香港，每天入境人數依然超過兩地原先議定的 50 個名額。部分人員沒有前往海外的簽證，又或是逾期居留，其實都是為了獲取香港居留權。[157] 越南民眾的非法

---

154 陳昕、郭志坤編：《香港全紀錄》（第 2 卷），頁 187；Carroll, *A Concise History of Hong Kong*, p. 164; "Immigration Department to the Secretary of Chu Hoi College," *HKRS773-4-33: Illegal Immigration Statistics and Reports*.

155 Wu and Inglis, "Illegal Immigration to Hong Kong," p. 605；林潔珍、廖柏偉：《移民與香港經濟》，頁 17；Immigration Department of Hong Kong, *Annual Departmental Report for the Financial Year 1977/78* (Hong Kong: Government Printer, 1978), p. 6.

156 阮志：《入境問禁：香港邊境禁區史》（香港：三聯書店〔香港〕有限公司，2014年），頁 58；陳昕、郭志坤編：《香港全紀錄》（第 2 卷），頁 228。

157 "Information Paper: Legal and Illegal Immigrants from China, September 1979," *HKRS163-8-14*.

入境到 1979 年也達到了最高峰，當年超過 68,700 名船民抵達香港。[158] 於是，1970 年代末香港遭受中國內地和越南民眾大量湧入的「雙重打擊」。

　　新一輪的偷渡潮在中國內地結束「文革」以及計劃「改革開放」後出現，其中一個原因可能是民眾對北京轉變政策的思想缺乏足夠認識。[159] 他們不確定中國內地未來的發展動向，只知道當下的生活急需改善。港府歸納出偷渡來港的四大原因，包括香港比內地更好的生活水平、內地當局缺乏阻嚇力的懲罰、有利偷渡的天氣環境，以及親屬和其他逃亡者的鼓勵。[160] 香港和中國內地在生活水平和收入上的差距一直是偷渡問題沒法解決的主因，當時香港居民平均收入大約較寶安縣居民高出 70 倍。[161] 歐陽東指內地物資短缺促使其冒險逃往香港。[162] 而由於港府實行「抵壘政策」，偷渡者被遣返內地後受到的懲罰也不嚴重，許多人失敗了

---

158 香港入境事務處：《入境事務處四十周年紀念》，頁 55。

159 南方都市報編著：《深港關係四百年》，頁 138。

160 "Minutes of the 23rd Meeting of the Joint Operation Control Group held at 1000 hours on Wednesday 16th July 1980 at the Conference Room, Polmil Headquarters," *HKRS908-1-68: Illegal Immigration - Joint Operation Control Group.*

161 鳳凰衛視：〈黑潮：30 年逃港風波紀實（一）〉，《鳳凰大視野》（2007 年 11 月 19 日）。

162 〈文藝宣傳員 1979 年偷渡香港 文革時期曾「又紅又專」〉，*http://news.ifeng.com/society/lnrs/detail_2013_03/18/23229606_1.shtml*（鳳凰網資訊），2019 年 9 月 16 日。

也敢於再試，[163] 例如張宇德第四次偷渡時終於抵達香港市區。[164] 至於最多人外逃的地區仍然是最接近香港的寶安縣。[165] 1979 年末廣東惠州一帶發生嚴重水災，據稱也產生大批逃港者。[166]

　　港府再次動用軍隊協助打擊猖獗的偷渡潮。1977 年 8 月 15 日，香港警察、英國皇家海軍和空軍、英軍輕裝步兵、喱喀兵等聯合執勤，又成立軍警聯合指揮部，守衛各海陸邊境。[167] 港府修訂出入境條例，授權英軍也可以拘捕非法入境者。[168] 港府認為內地方面並沒有故意放寬出境，[169] 並多次和內地當局商討解決方法。1978 年 6 月 8 日，港府政治顧問魏德巍（David Wilson），亦即後來的港督衛奕信訪問內地，指出內地進入香

---

163 "The Broadcast Reporting Service: Illegal Immigration to Hong Kong," (29 October 1979), *HKRS545-1-23-1.*

164 香港無線電視：〈大逃港（上）〉。

165 南兆旭：《解密深圳檔案》，頁 123。

166 "Implementation of Illegal Emigration Controls in China Anti-Escape and Border Security Measures," *HKRS908-1-82: Illegal Immigration - Implementation of Illegal Emigration Controls in China.*

167 "The Broadcast Reporting Service: More Illegal Immigrants Arrested," (15 August 1977), *HKRS545-1-23-1*; "Minutes of the 2nd Anti Illegal Immigration Operations Coordination Meeting Held at 1000 Hours on Monday 27 November 1978," *HKRS437-1-12*；南兆旭：《解密深圳檔案》，頁 108；鄺智文、蔡耀倫：《東方堡壘》，頁 429。

168 Immigration Department of Hong Kong, *Annual Departmental Report for the Financial Year 1976/77* (Hong Kong: Government Printer, 1977), p. 4.

169 "K. I. Chui: Chinese People's Government Present Policy in the Control and Issue of Exit Permits to Chinese Immigrants to Hong Kong," *HKRS163-8-14.*

圖 04-008：由瑪利諾女修會興建的牛頭角復華村平房區單層石屋，攝於 1977 年。（圖片由高添強先生提供）

港的人數激增，北京其後同意協助。而時任中華人民共和國外交部部長黃華和英國外交大臣歐文（Baron Owen）在倫敦討論中英雙邊關係時也達成共識，認為阻止內地民眾湧往香港「是一件重要問題」，有利於保持香港穩定。[170] 後來內地當局把合法出境至香港的人數由每天 320 人減至 150 人，並加派武裝基層幹部和民兵堵截外逃民眾。[171]

上述措施明顯未能有效遏止偷渡潮，因為 1979 年 6 月 12 日麥理浩到訪倫敦時，先後會見英國首相戴卓爾夫人（Margaret Thatcher）、外交及聯邦事務大臣、內務大臣，以及國防大臣等，要求英國增強香港應付非法入境人士的能力。[172] 6 月 20 日，倫敦迅速增派約 1,000 名英兵到港，配備直升機、汽墊船、快速巡邏艇，協助堵截內地和越南非法入境者。針對內地偷渡者，港府又強化香港與中國內地邊境的鐵絲網、擴展禁區範圍、建設新屋嶺拘留中心，並且增加香港仔、西貢、青山

---

170 陳昕、郭志坤編：《香港全紀錄》（第 2 卷），頁 222，226-227。

171 "*Ching Pao*," (22 June 1979), *HKRS70-8-1682: Governor's Visit to U.K. for Talks on Refugee Problem*；九龍海關編志辦公室編：《九龍海關誌，1887-1990》（廣州：廣東人民出版社，1993 年），頁 49。

172 "*Ching Pao*," (22 June 1979), *HKRS70-8-1682*; "*Sing Tao Jih Pao*," (28 June 1979), *HKRS70-8-1682.*

灣、離島等地的巡邏。[173] 同日，立法局通過《1979 年人民入境（修訂）（第 2 號）條例》，延長扣留偷渡者的時間，以便搜集證據檢控協助偷渡者，[174] 並且批准皇家香港軍團和皇家香港輔助空軍人員協助正規的保安部隊進行反偷渡，又授權輔助部隊拘捕偷渡者。[175] 另外，港府又立例要求身處市區的居民攜帶身份證，以便截查偷渡者。實施的區域越來越大，後來更幾乎擴展至整個新界。[176]

　　1970 年代後期中英和粵港聯繫的其中一個重要議題是如何反偷渡。英國政府官員就此一直和中華人民共和國駐倫敦大使柯

---

173 陳昕、郭志坤編：《香港全紀錄》（第 2 卷），頁 236；"Minutes of the 2nd Anti Illegal Immigration Operations Coordination Meeting Held at 1000 Hours on Monday 27 November 1978," *HKRS437-1-12*; "*Ming Pao*," (22 June 1979), *HKRS70-8-1682*; "Effects of Immigration from China in Hong Kong," *HKRS163-8-14*; "Extension of the Frontier Closed Area in the Vicinity of Pak Hok Chau," (13 December 1979), *HKRS908-1-67: Illegal Immigration - Joint Operation Control Group*; "China's Mammoth Effort," *HKRS545-1-23-1*.

174 "Bill on Improving Govt's Capacity to Deal Effectively with Illegal Immigration Passed," (20 June 1979), *HKRS545-1-23-1*；《工商日報》（1979 年 6 月 21 日）。

175 Hong Kong Legislative Council, "Hong Kong Hansard: Reports of the Sittings of the Legislative Council of Hong Kong, 20 June 1979," *http://www.legco.gov.hk/yr78-79/english/lc_sitg/hansard/h790620.pdf* (Online Records of the Legislature), 19 August 2015.

176 陳昕、郭志坤編：《香港全紀錄》（第 2 卷），頁 240，255；"*MP*," (10 September 1980), *HKRS70-8-2104: Immigration, Illegal from China*; "Information Paper: Legal and Illegal Immigrants from China," *HKRS163-8-14*.

華溝通。[177] 1979 年 7 月 5 日時任中華人民共和國總理華國鋒出訪英國前,北京又命令廣東要基本制止偷渡。[178] 同年 12 月 19 日,時任廣東省革命委員會主任習仲勳訪問澳洲後臨時到訪香港,向麥理浩表示,北京正採取有力措施處理內地民眾非法和合法地湧入香港的「不正常狀態」,又強調無意增加香港的困難,並透露深圳和珠海將成為經濟特區。[179] 雖然習仲勳訪問香港後,廣東省人民政府在 1980 年 1 月 8 日立法制止偷渡。[180] 但由於港府繼續實行「抵壘政策」,變相鼓勵內地民眾設法進入市區取得身份證,偷渡人數未有下降。[181] 同年 4 月共 5,716 名內地非法入境者被截獲,到 5 月上升至 8,123 名。[182] 而到 8 月和 9 月,港府估計每月更有約 23,000 人偷渡來港,當中半數避過軍警的緝捕而抵達市區與親友會合。[183] 由於問題源於半開放的入境政策,這時媒體已不斷報導港府可能改變處理非法入境的措施,

177 *"Sing Tao Wan Pao,"* (14 June 1979), *HKRS70-8-1682*.

178 南兆旭:《解密深圳檔案》,頁 108。

179 陳昕、郭志坤編:《香港全紀錄》(第 2 卷),頁 241-242;"Norman Wingrove," *HKRS545-1-23-1*; "Assistant Political Adviser I C Orr: Effects of Immigration from China on Hong Kong," (2 December 1979), *HKRS163-8-14*.

180 *"WWP,"* (12 January 1980), *HKRS70-8-2104*.

181 "An Assessment of Illegal Immigration from China for the JOCG Meeting on 15th February, 1980," *HKRS908-1-67*.

182 "An Assessment of Illegal Immigration from China for the JOCG Meeting on 11th June 1980," *HKRS908-1-69: Illegal Immigration - Joint Operation Control Group*.

183 香港政府:《香港一九八一年:一九八〇年的回顧》,頁 117。

亦即「抵壘政策」；也有內地民眾趕在政策變更前偷渡來港。1980 年 10 月初，時任中華人民共和國副總理兼外交部部長黃華訪問英國和香港，磋商偷渡潮的解決方法。[184] 1980 年 10 月 20 日，麥理浩回訪廣東，和廣東省政府領導人會面，雙方達成協議，同意共同收緊出入境措施。[185]

　　3 天後，即 10 月 23 日，香港的出入境政策出現重大轉變，立法局通過《1980 年人民入境（修訂）（第 2 號）條例》，由翌日，即 10 月 24 日起，香港取消「抵壘政策」，所有非法進入香港的內地民眾，將被拘捕和押解遣返內地，即所謂「即捕即解」。新例給予 3 天的寬限期：10 月 24 日前非法抵港者，可在 10 月 24 日至 26 日前往金鐘的華人延期居留辦事處特別登記中心申請居留。最終 6,952 人提出申請。[186] 港府又宣佈，自 1980 年 10 月 30 日起，所有年滿 15 歲的市民需隨身攜帶

184《大公報》（1980 年 10 月 4 日）；陳昕、郭志坤編：《香港全紀錄》（第 2 卷），頁 256。

185《大公報》（1980 年 10 月 21 日）；陳昕、郭志坤編：《香港全紀錄》（第 2 卷），頁 256；蔡德麟主編：《深港關係史話》（深圳：海天出版社，1997 年），頁 181；"KSDN," (14 October 1980), HKRS70-8-2104.

186 Hong Kong Legislative Council, "Hong Kong Hansard: Reports of the Sittings of the Legislative Council of Hong Kong, 23 October 1980," http://www.legco.gov.hk/yr80-81/english/lc_sitg/hansard/h801023.pdf (Online Records of the Legislature), 22 August 2015; "KSDN," (27 October 1980), HKRS70-8-2104；香港入境事務處：《入境事務處四十周年紀念》，頁 67；鄭宏泰、黃紹倫：《香港身份證透視》，頁 90；陳昕、郭志坤編：《香港全紀錄》（第 2 卷），頁 256。

圖 04-009：1980 年 10 月「抵壘政策」廢除後，內地非法移民在 3 天寬限期內趕往金鐘的登記中心申請居留。(圖片由高添強先生提供)

身份證明文件，否則將受檢控；[187] 而由 11 月 3 日起，禁止僱用非法入境者。[188] 新的入境調控和配套措施成效立竿見影，[189] 1980 年 9 月偷渡時即刻遭到逮捕者每天均有 450 人，到 11 月每天平均只有 25 人。[190] 1980 年後，被捕的非法入境者每年有數千人至 1 萬多人，大部分都被遣返。[191]

港府指大量非法入境者帶來的壓力令「抵壘政策」不得不廢止，例如原先根據每年約 2% 的人口增長制訂各類社會服務，但 1970 年代末人口增長已超過 5%。[192] 布政司署發表題為〈非法入境者對本港造成的困難〉的報告，指大量新來者影響各項社會服務，政府需花費 35 億港元維持福利水平。[193] 官員和學者都警告，人口過度膨脹會令任何改革功虧一簣，香港居民享有

187 "KSDN," (24 October 1981), *HKRS70-8-2104*; "SCMP," (24 October 1980), *HKRS545-1-23-2: Illegal Immigration 1980.*

188 香港入境事務處：《入境事務處四十周年紀念》，頁 71；"KSDN," (24 October 1981), *HKRS70-8-2104.*

189 江關生：《中共在香港》（下冊），頁 193；"WKYP," (31 October 1980), *HKRS70-8-2104*; "MP," (31 October 1980), *HKRS70-8-2104.*

190 香港政府：《香港一九八一年：一九八〇年的回顧》，頁 117。

191 Wu and Inglis, "Illegal Immigration to Hong Kong," p. 605；林潔珍、廖柏偉：《移民與香港經濟》，頁 17；邵善波、李璇：《對香港人口政策和入境政策的檢討及建議》，頁 14。

192 香港政府：《香港一九八一年：一九八〇年的回顧》，頁 117。

193 "MP," (24 October 1980), *HKRS70-8-2104.*

的社會福利也將受到損害。[194] 再加上，1977 年第二次世界石油危機後香港經濟尚未復元，失業人數從 1979 年 3 月的 4 萬 9 千人上升至翌年 3 月的 7 萬 3 千人，香港已不需來自內地的大量勞動力。[195]

麥理浩指舊的出入境政策已成為「悲劇般的遊戲」，認為港人已「忍無可忍」。他的說法似乎也反映出大眾的主流意見，[196] 香港居民變得「十分自我本位取向」，不再如 1950 年代和 1960 年代願意接納新來者。事實上，到 1980 年，香港密集式的勞動型工業逐漸轉型為高增值和高技術的行業，工人的質素比數量更重要。根據入境事務處行動研究組 1979 年對 4,500 名偷渡居港者的訪問，他們多來自寶安縣，在香港的失業情況較嚴重。[197] 房屋署則指 47% 的受訪香港居民對內地新來者沒有好感，認為他們會拖垮社區服務、製造社會問題和增加犯罪

---

194 Hong Kong Legislative Council, "Hong Kong Hansard: Reports of the Sittings of the Legislative Council of Hong Kong, 22 October 1980," *http://www.legco.gov.hk/yr80-81/english/lc_sitg/hansard/h801022.pdf* (Online Records of the Legislature), 22 August 2015; "*The Express*," (28 July 1980), *HKRS70-8-2104*.

195 Wu and Inglis, "Illegal Immigration to Hong Kong," p. 605.

196 "*SCMP*," (24 October 1980), *HKRS545-1-23-2*; Carroll, *A Concise History of Hong Kong*, p. 172.

197 "Operation Research Section in Immigration Department: Illegal Immigration from China," (January 1980), *HKRS908-1-67*.

率。[198] 港府指公眾普遍相信，1970 年代末到港的內地民眾和1950 年代的那批不同，後者帶來資金、技術和企業管理能力，前者對香港的發展貢獻甚微，甚至令居住環境更加擁擠，生活質素下降。[199] 姑勿論上述港府的言論有否誇大、是否客觀，當時香港社會確實慢慢鞏固以本土出生為主的人口結構，[200] 香港居民尤其是原來的「中國難民」也產生出一種「源自中國價值的、獨特的香港意識」。[201]「中國難民」逐漸「以港為家」，[202] 對香港有了一種之前沒有的肯定和信心。[203] 香港居民享受和珍惜文明的、現代化的生活模式，不願新來者「分薄」日漸豐盛的經濟成果 —— 雖然其實許多人當年也是從內地逃至香港的。他們贊成港府廢除「抵壘政策」和實行「即捕即解」，因為它有助排拒內地非法入境者，令居留香港不再容易，凸顯香港居民擁有的權利和優勢，進一步強化他們的自豪感和歸屬感。

---

198 "Housing Department: The Impact of Immigration on Public Housing in Hong Kong," (May 1979), *HKRS163-8-14*.

199 "Effects of Immigration from China in Hong Kong," *HKRS163-8-14*.

200 "Effects of Immigration from China in Hong Kong," *HKRS163-8-14*.

201 王賡武：〈序〉，頁 2。

202 Chung, "The Struggle for Social Integration," p. 2；謝均才：〈歷史視野下的香港社會〉，頁 16。

203 呂大樂：《那似曾相識的七十年代》，頁 iv。

4.5　小結

　　1962 年的「大逃亡」源於廣東和寶安當局為紓緩「三年困難時期」的困境而採取的「放寬出境」措施，結果卻不受控地引發逃港潮。港府和寶安縣邊防部門合作，首次實行大規模的遣返行動；又讓倫敦和北京展開外交談判，儘量避免外界尤其是台灣方面的干預，令「大逃亡」短時間內獲得制止。「大逃亡」期間港府不再無節制地接收內地民眾，但又希望吸納當中的年輕勞動力，因此實行「遣返邊境被捕者」和「收容抵達市區者」的政策，引起新界鄉村領袖的不滿，但遣返措施直到「文革」期間才被迫中止。

　　國際社會在「世界難民年」運動後不再熱心援助「中國難民」，港府也早已放棄使用「難民」這種字眼，將「中國難民」視作香港居民的一部分，透過增加官民溝通，以及進一步改善公共房屋的環境和設施，加強全體居民的團結和對政府的認同。因為「文革」和「六七暴動」，「中國難民」再次認識到中國內地和香港的分別，也令他們更加珍惜香港這個「借來的時間，借來的空間」。暴動驅使戴麟趾政府推動改革，增設民政署制度和舉行大型活動來吸引香港居民對社會事務的關注和參與。至於 1971 年 10 月通過的《人民入境條例》更從制度上保障「中國難民」和本土出生的居民擁有相同的權利，有力地強化「難民」對港府的認同感和對香港的歸屬感。

麥理浩被形容為香港史上最傑出的港督，主要因為其任內的改革措施令大部分香港居民得益。這些措施能夠成功，既因麥理浩個人的特質和理念，也和香港的人口結構、經濟成就和外交部署有關。其中「撲滅罪行運動」的舉辦更是為了加強居港「難民」、移民和其他居民的聯繫。港府推出「抵壘政策」，用作篩選香港發展所需要的內地移民，反映港府在控制人口增長與吸納勞動人口之間的折衷。

　　「文革」後的大規模偷渡潮原因多樣，即使中英和粵港頻繁地談判和加強反偷渡，但由於「抵壘政策」的運作，困局難以打破。直到 1980 年港府實行「即捕即解」，遣返之後的所有內地偷渡者，再加上中國內地「改革開放」後民生改善，兩地邊境的偷渡人數才顯著減少。對港府來說，新的入境政策得以保障了社會改革的成果和資源的有效運用，也因此得到香港居民的支持。

第五章

總結

自從 1945 年第二次世界大戰結束，直到 1980 年港府實行「即捕即解」政策，中國內地民眾不斷湧入香港。在 1950 年代初，形成了所謂的「中國難民問題」。對此，港府最初十分被動和消極，可謂延續戰前對華人社會的「儘量不干預」政策。不過，基於香港的內部環境和國際形勢等多方面的發展，港府對「中國難民」的政策逐漸從被動轉為主動。「難民潮」加劇了香港的現存問題和負擔，迫使港府關注和應對其帶來的挑戰，也成為社會發展和革新的機遇。港府和民間團體必須在住屋、醫療、福利等方面為「中國難民」提供緊急援助，以至後來把他們融合到本地社會。在國共鬥爭和美蘇冷戰的氛圍下，香港的「中國難民問題」變成中華人民共和國、「中華民國」、美國、英國，以至聯合國等各方關注的人道主義救濟和政治角力議題。港府對待「中國難民」的政策反映其管治策略的變化，也呈現出影響戰後香港歷史發展的不同因素。

　　「中國難民問題」在戰後產生和持續發展，港府最初的應急式對策也逐漸變成長期政策。1946 年至 1949 年，許多內地民眾為逃避內戰動亂而南抵香港。中共取得內戰勝利後到建政初期，又有不少民眾因為抗拒共產主義政權而逃至香港。其時香港已有大量滯留的「中國難民」，包括不少國民黨支持者，形成「中國難民問題」。港府儘量不參與救濟，希望「中國難民」儘快離開，又爭取把「難民」安置到第三國或其他地區。雖然美國和台灣當局等政府接收了部分「難民」，但留在香港者仍

佔多數。除了興建徙置房屋，港府漠視「難民」的其他需要，交由民間團體代為負責。

從 1950 年到 1961 年，內地政局相對穩定，香港和廣東又先後實行出入境管制，逃港的內地民眾大幅減少。不過，一系列的社會主義運動，如 1950 年代中期的「農業集體化」仍引發小型逃港潮，也有不少偷渡者到港尋找工作機會。1950 年代中期，港府打算加強救濟力度，以至把「中國難民」融合到本地社會，並且不再使用「難民」來稱呼早期和新近逃港者。1959 年至 1960 年的「世界難民年」運動期間，各國從人道主義立場出發給予「中國難民」大量捐獻，協助港府實行融合措施。

到 1962 年，廣東省寶安縣因大饑荒而放寬民眾出境，以緩解饑民的生計問題，爆發「大逃亡」。港府以融合居港「難民」引發的資源緊張作為理由，遣返大批邊境被捕人士，同時又吸納抵達市區者，滿足密集式工業經濟急速發展所需的勞動力。雖然遣返行動因「文革」而曾經擱置，但到 1970 年代初期，偷渡抵港者再度增加，包括一些逃避「上山下鄉」運動的知識青年，港府於是在 1974 年實施「抵壘政策」，將「雙重標準對待偷渡者」的措施恆常化和制度化。與此同時，港府一系列的社會改革和出入境措施令「中國難民」歸屬感漸生，逐漸認同自己是香港居民。1970 年代末，爆發令人意外的歷來最大規模的偷渡潮，當時中華人民共和國的國策重心由政治運動轉向經濟建設，但偷渡者認為前景未明，而生活困苦的現狀卻切

實存在著。港府極力制止偷渡潮未果，為避免巨大的人口壓力和社會資源危機，遂廢除對內地偷渡者具吸引力的半開放「抵壘政策」，實行全封閉的「即捕即解」。亦即是，早期偷渡者和後期偷渡者受到截然不同的對待；而港府認為惟有拒絕接收後期偷渡者，才能確保早期「難民」和其他居民的福祉。

「中國難民問題」不但涉及對於「難民」的人道主義援助，也反映冷戰時期不同的價值取向、政治立場和利益爭奪。難民的定義本身便眾說紛紜，不同國家、地區和機構按照本身需要去界定什麼人屬於難民和應該獲得救濟。所謂「中國難民」是不是真正的難民、他們的原籍國誰屬，以及他們能否尋求原籍國的保護等便一直成為國際社會爭論不休的議題。中國內地一直否認香港存在「中國難民問題」，台灣方面則不斷強調「難民」的救濟和安置。「中國難民」因此變成冷戰時期的政治爭拗對象，牽涉中國大陸和台灣當局以及社會主義陣營和資本主義陣營的對抗。雖然各國、各地區政府通常都認同境況悲慘的居港內地民眾需要人道主義關懷和照顧，但中華人民共和國、蘇聯和「中華民國」、美國對於他們的身份和應否獲得援助有南轅北轍的看法。情況更複雜的是，當時中共和國民黨都宣稱自己才是中國的合法政權。「中華民國」和中華人民共和國先後成為中國在聯合國的代表，「中國難民」又身處由英國殖民管治的華人社會，而屬於資本主義陣營的英國又承認中華人民共和國，這些因素令「中國難民問題」纏繞難解，引發持續的爭辯。國民黨、美國及其他西

方國家利用「難民救濟」來反共，港府需要小心處理以維持香港穩定。雖然「中國難民」在 1959 年的「世界難民年」獲得聯合國及西方國家的正式援助，但此後國際社會不再重視「中國難民問題」，加上港府實行融合計劃，令「難民」獲取更多支援，以及 1971 年中華人民共和國加入聯合國，香港的「中國難民問題」逐漸消失於國際政治舞台。

「中國難民問題」反映出港府越來越積極地提供各種社會服務。1940 年代後期，雖然港府增加了對社會的關注和處理，如設立社會局管理難民營，其對「中國難民」的被動態度則仍然沿襲戰前對待華人的傳統，只提供最小程度的社會服務。直到 1953 年石硤尾大火，港府終於有理由，也有需要為「難民」和貧民開展大型的徙置計劃，並成立徙置事務處，奠定以後公共房屋建設的基礎。趙永佳指戰後香港採取「不干預」和自由放任的態度對待經濟發展，而更廣泛地涉足社會事務，如醫療、教育、建屋等。[1] 到了 1950 年代中期，港府規劃「難民融合政策」，政府部門和資源運用的擴張勢在必行，港府於是在 1958 年和 1961 年分別成立社會福利署和人民入境事務處。港府用於社會服務的開支也由 1947 年的 1,470 萬港元上升至 1962 年

---

1 趙永佳：〈戰後的經濟與社會〉，載於廖迪生、張兆和、蔡志祥合編：《香港歷史、文化與社會 1（教與學篇）》（香港：香港科技大學華南研究中心，2001 年），頁174。

的 2 億 7,030 萬港元，佔年度財政開支的百分比則由 1947 年的 11.5% 上升至 1962 年的 24.3%。其中，醫務衛生署、徙置事務處、教育司署和社會福利署使用的資源較其他政府部門多。[2] 藉著「世界難民年」的捐助，港府在 1960 年代初介入社會福利事業，如利用社區中心培養居民的社區精神。但直到「六七暴動」的發生，港府被迫檢討本身管治，才大大增加了對公共服務的投資。市民覺得殖民管治本質不變，但管治變得相對合理。[3] 自戴麟趾開始並由麥理浩大力擴展的社會改革，涵蓋建屋、教育、福利、社區運動等不同範疇，其目的不但是加強香港居民對社會事務的關注，更鼓勵他們參與社會事務，例如維持香港清潔和良好治安，促使「難民」和非「難民」都以香港為家。1980 年港府實行「即捕即解」，避免正在拓展的社會服務被大量新來者拖垮，因此措施獲得大部分香港居民，尤其是生活改善的既得利益者的認同。

　　港府的「難民政策」也促進了本土身份認同感的形成。香港在戰前本來就是「文化大熔爐」，不同生活習慣、文化背景、宗教信仰和政治理念的人來港，他們的生活和出入境較少受到港府干預，因此保留各自的文化特色，[4] 但也令他們的「過客」

2　Dial, "An Evaluation of the Impact of China's Refugees in Hong Kong on the Structure of the Colony's Government in the Period following World War II," p. 178, 184.

3　張家偉：《六七暴動》，頁 202。

4　謝均才：〈導言〉，載於謝均才編：《我們的地方，我們的時間》，頁 xiii。

從救濟到融合

或「暫居」心態強烈，無法對香港產生歸屬感和形成本地文化。戰後港府最初對「中國難民」的消極被動，也繼承了過去的做法。但和以往不同的是，1949年後，中國內地和香港朝著兩個不同的方向發展，內地以政治性運動和社會主義改革為國家主要任務，香港則在韓戰後全力發展工業經濟。內地與香港之間的差距日益明顯，越來越多「難民」或被迫或主動地留在香港。這超出了港府的預期，也令港府改變「難民政策」，計劃將他們融入到社區，「難民」開始感到港府的重視。柏立基時期關注社區精神的宏揚，即居民對社區的認識。到了「六七暴動」後戴麟趾和麥理浩推行社會改革，更有意培養香港居民的歸屬感，如立法給予居港七年者永久居留權。「難民」自覺香港不只是臨時的「避難所」，更是他們可以安居樂業的家。「香港人」的概念誕生，[5] 本土文化由是逐漸形成。1970年代末，大部分香港居民都不歡迎新的內地偷渡者，本土主義抬頭。對本地居民來說，適當限制人口，才能確保香港繼續蓬勃發展，即使他們自己或他們的家人本身也是移民。

從香港政府對待「中國難民問題」的政策也可以發現，「中國、英國、民間社會、冷戰形勢」四大因素共同影響著戰後香港的殖民管治和歷史發展，當然它們的影響在不同時期呈現出不同的方式和程度。首先是「中國因素」。即使成為英國殖民

---

5 田邁修：〈六十年代／九十年代〉，頁7。

地，香港仍然是以華人為主的社會，「中國因素」對香港的影響依然無遠弗屆。香港和中國內地的出入境在 1950 年以前基本開放，兩地徒有概念上的邊界，民間往來緊密頻繁，例如內地「難民」湧入香港、寶安縣農民跨境耕作等。戰後出現的「中國難民問題」某種程度上是國共兩黨爭奪中國內地統治權的結果，民眾為逃避戰火和共產主義政權而南下香港。之後的「難民救濟」更因為當時所謂「兩個中國」問題而變得更加複雜。

1949 年中華人民共和國的成立，對香港產生廣泛而深刻的衝擊。直到 1950 年，隨著英國承認中華人民共和國，加上北京暗示不會提早收回香港，殖民管治才開始穩定。北京一直否認香港存在「中國難民問題」，又指責所謂「難民援助」是「反共產主義的陰謀」，因此港府和倫敦儘量避免刺激北京，不希望北京誤會香港和英國透過「難民救濟」配合西方的反共行動。與此同時，港府又小心左派在香港的活動。港府開展徙置計劃，一個重要的考慮是避免左派機構藉火災救濟干預香港的福利工作。至於 1962 年突如其來的「大逃亡」本就是廣東地方當局「放寬出境」的措施所致，因此港府需要北京的協助方能解決問題。1974 年的「抵壘政策」和 1980 年的「即捕即解」兩個重要的出入境政策，港府都需要內地當局的配合。正如港督葛量洪所分析，香港的未來不是獨立；他或繼續是英國殖民

地，又或被中國收回。[6] 因為香港和中國內地近在咫尺，香港不可能擺脫其巨大的影響。而中國內地的狀況，包括饑荒和生活困難，便是偷渡潮難以歇止的重要原因。

另一方面，國民黨利用香港作為「反攻大陸」的跳板，在香港收集中共情報和宣傳反共理念，「中國難民問題」是其中一個有力工具。港府初時需要救總等右派組織協助把「難民」遷移至台灣，但國民黨藉「難民」逃亡譴責中共的統治，又透過參與救濟、呼籲國際干預以及管理調景嶺難民營等方式實現其政治目的，引起港府的憂慮。支持國民黨的「右派難民」更成為港府眼中的政治隱患和負擔。1956 年的「雙十暴動」反映「右派難民」對香港社會的不滿和潛藏的威脅，成為港府推行融合計劃的重要原因。至於調景嶺逐漸發展成不受港府控制的獨立社區和「反共基地」，也令港府擔心右派勢力坐大，因而下令改造為徙置平房區。

港府儘量維持政治中立，平衡左右派的勢力。但這種中立不是被動地任由兩派互相攻擊，而是如「走鋼線」一般，有時亦會主動調控兩種力量。[7] 因此「秧歌舞事件」後，港府把「右派難民」從摩星嶺搬到調景嶺，用以減少「左派人士」和「右派難民」的衝突。而社會局停止為調景嶺「難民」施飯，正是

6　Grantham, *Via Ports*, p. 111.

7　Tsang, *A Modern History of Hong Kong*, p. 158.

為了嘗試趕走「右派難民」和減少北京猜忌。由於「難民」來自內地，而且中華人民共和國比「中華民國」對香港的影響更大，港府在「難民問題」上似乎更關注北京的反應。例如處理1962年「大逃亡」事件時，港府儘量避免台灣方面的干預，以免破壞倫敦和北京的外交談判。

因為香港是英國殖民地，「英國因素」對港府施政的影響無庸置疑。第二次世界大戰前，倫敦無意理會香港本土事務，只關注利用香港的轉口貿易為大英帝國獲取最大利益。倫敦由英國殖民地部管控香港的整體政策方針，但殖民地部官員通常支持港督的決策，也甚少干預香港事務，令港府有效施政。不過，當香港發生重大事件，殖民地部以至英國國會議員也會表達關注。[8] 戰後英國在亞洲的殖民地紛紛獨立，只剩下少數殖民地，香港是較為重要的一個。英國有時會干預香港內政，雖然港府通常聽從倫敦意見，但也不是必然。隨著香港經濟不斷發展，倫敦和港府的矛盾亦有所增加。[9] 對於如何處理「中國難民問題」，倫敦通常以英國的整體利益為首要考慮，包括中國內地的英資利益、英國的全球策略、英國的財政狀況等，而港督則聚焦於香港本土的利害得失。結果，倫敦和港府在1950年代中期產生矛盾，而倫敦在聯合國會議上關注英國的外交關係

---

[8] 王慧麟：《閱讀殖民地》，頁 46-47。

[9] 李彭廣：《管治香港》，頁 25-26。

多於香港的本土事務，因此積極限制台灣代表的「外交遊說」，卻被動地為香港的「難民問題」爭取援助。事實上，1950 年代中期，英國加快「非殖民地化」的步伐，這迫使港府的本地化，也代表港府需要為自己的財政事務負責。

1950 年代後期，「英國因素」對香港的影響減少，港府越來越獨立地處理「難民」事宜。到 1960 年代末，港府已享有很大程度上的自治。但遇上「大逃亡」和偷渡潮等重大事件，港府仍需倫敦和北京進行外交談判，協助香港化解危機。另外，倫敦不同部門對香港的影響也不一樣。通常地，英國外交部更為重視英國利益和中英關係，而殖民地部則較為認同港府意見。至於英國議員、國民及志願團體有時也關心香港情況，包括木屋問題和將「難民」遣返。因為他們的施壓，倫敦改變對「中國難民」的態度，支持「世界難民年」的推行。

「民間社會因素」意指非官方的個人和團體對港府施政的影響。香港故事的複雜性正在於政府和公眾的微妙關係。[10] 戰後的「難民救濟」也反映，民間社會和港府的關係在不同時期形態不一，有時和諧、有時衝突；有時港府干預民間團體的活動，也

---

10 潘毅、余麗文：〈文化書寫與歷史流程‧引言〉，載於潘毅、余麗文編：《書寫城市：香港的身份與文化》（香港：牛津大學出版社，2003 年），頁 138。

有時港府的無能為力讓民間團體參與和協助更多社會事務。[11] 雖然戰後初期港府加強對社會的支援，民間團體仍然是社會服務的主要提供者。以火災善後為例，民間團體的救濟往往比港府更迅速和有效，而港府則提供指引和從旁協助，並由街坊福利會、東華三院等擔當聯繫官方和民間的「中間人」。隨著「難民」數量和住屋需求的不斷增加，民間團體即使興建了部分安置房屋，也無力處理嚴重的木屋和天台屋問題。港府必須為民間社會提供更多協助，並且承擔起興建徙置大廈的責任。

宗教組織戰後在香港的主要工作便是「難民救濟」。由於獲得國際救援團體和海外教會的大量捐輸，1950 年代天主教和基督教組織提供越來越多的社會服務。他們盡力滿足「難民」的物質和精神需要，又和港府合作興建房屋和配套設施。另外，商人、議員、志願團體、慈善組織等都熱心協助「中國難民」，例如組成「救委會」協助社會局管理調景嶺難民營，「世界難民年」期間社聯又和港府通力合作。他們有時也呼籲港府、倫敦以至聯合國難民署增加救濟力度。民間社會也曾和港府產生衝突，遣返邊境被捕者的措施便引起新界鄉紳和人道主義組織的不滿。1960 年代中期及以後，大量團體救助「難民」的景況不再，繼續服務香港的民間團體越來越需要港府的財政

---

11 Tak-Wing Ngo, "Colonialism in Hong Kong Revisited," in *Hong Kong's History: State and Society under Colonial Rule*, ed. Tak-Wing Ngo (London: Routledge, 1999), pp. 2-3, 5-6; Chu, *The Maryknoll Sisters in Hong Kong*, pp. 6-7.

支援，但民間社會的壓力仍然影響港府的管治。1974 年「抵壘政策」把原來的遣返通道由羅湖改為較偏僻的文錦渡，目的便是減少公眾和輿論的注意；而港府實行「即捕即解」更是訴諸香港的民意，藉宣傳強調資源緊張而得到本地居民對更嚴格的入境限制的支持。

戰後形成美蘇冷戰的國際政治格局，冷戰因素對香港的影響也不可忽視。尤其是 1949 年中華人民共和國建立後，香港的地緣政治角色突然變得重要，成為冷戰時期西方反共陣營在亞洲的重要據點。美國為首的西方國家利用「中國難民問題」製造反共輿論，藉以打擊共產主義的發展。美國成立援知會和資助右派組織，介入「難民救濟」和調景嶺的事務，引起北京指責港府縱容「美帝」和資本主義陣營的敵對活動。港府最初抗拒國際社會的救濟干預，因此忌憚聯合國調查團在香港的考察活動。而世界各國大多不願接收「中國難民」，也令港府被迫改變「難民政策」。其後港府深知國際援助對解決「難民問題」的重要性，港督於是多次向外界重申「中國難民」的苦況。各國對「中國難民」法律地位和救濟資格的討論變成冷戰時期的政治紛爭，直到 1959 年香港才藉國際性運動「世界難民年」獲得大規模援助。隨後，雖然 1962 年的「大逃亡」及之後的內地民眾偷渡問題仍然成為反共產主義素材，但因為居港「難民」被整合，加上中華人民共和國取得聯合國中國代表席位，以及實行「改革開放」而改善和西方國家關係，「中國難民問題」慢慢由冷戰議題變作香港內部事務，並逐漸淡化和結束。

參考資料

政府檔案和出版物

1. CO1023/117: Chinese Refugees in Hong Kong (1952-1954).
2. CO1030/1243: Border Incidents, Hong Kong/China (1960-1963).
3. CO1030/1253: Immigration Control, Hong Kong (1961-1962).
4. CO1030/1255: Immigration Control, Hong Kong (1962).
5. CO1030/1258: Deportation from Hong Kong of Illegal Immigrants (1960-1962).
6. CO1030/1261: Representations about Immigration Control in Hong Kong.
7. CO1030/1309: Chinese Refugees in Hong Kong (1960-1962).
8. CO1030/1321: Rennie's Mill Refugee Camp in Hong Kong (1961-1963).
9. CO1030/1446: Hong Kong Police Report on Control of Immigrants and Reorganization of Immigration Department (1960).
10. CO1030/1683: Chinese Refugee (1963).
11. CO1030/1685: Chinese Refugee (1963-1964).
12. CO1030/1686: Chinese Refugee (1964-1965).
13. CO1030/381: Problem of Chinese Refugees in Hong Kong (1954).
14. CO1030/382: Problem of Chinese Refugees in Hong Kong (1954-1956).
15. CO1030/383: Problem of Chinese Refugees in Hong Kong (1955-1956).
16. CO1030/384: Problems of Chinese Refugees in Hong Kong (1954-1956).
17. CO1030/777: Refugees from China in Hong Kong (1957).
18. CO1030/778: Refugees from China in Hong Kong (1957-1959).
19. CO1030/779: Refugees from China in Hong Kong (1957-1959).
20. CO1030/780: Refugees from China in Hong Kong (1957-1959).
21. CO1030/781: Refugees from China in Hong Kong (1957-1959).
22. FCO21/1143: Immigration from China to Hong Kong, 1973 Jan 01-1973 Dec 31.
23. HKRS163-1-2301: Interdepartmental World Refugee Year Committee - Working Papers.

24. HKRS163-1-2442: World Refugee Year.

25. HKRS163-1-2446: Minutes of World Refugee Year Working Committee.

26. HKRS163-1-2706: 1. Colony's Expenditure on Refugees; 2. Contributions and Loans Received for Relief of Refugees.

27. HKRS163-8-13: Immigrant Statistics and Illegal Immigrants (14.11.1973-22.04.1976).

28. HKRS163-8-14: Immigrant Statistics and Illegal Immigrants (04.05.1976-05.08.1980).

29. HKRS307-3-7: World Refugee Year - Offer of Assistance from United States Government (10.01.1966-04.07.1968).

30. HKRS365-1-24: Integrating Hong Kong's One Million Refugees, 1957-59.

31. HKRS365-1-42: World Refugee Year (Third), 1960.

32. HKRS394-29-64: Illegal Immigration from China, 20.03.1974-01.02.1975.

33. HKRS41-1-10072: World Refugee Year - Contribution from United Kingdom Government - Grant for the Standing Conference of Youth Organisations in Connection with a Youth Camp Project.

34. HKRS41-1-10075: World Refugee Year - Contribution from United Kingdom Committee - Grant for the British Red Cross Society in Connection with a Red Cross Home for Crippled Abandoned Children.

35. HKRS41-1-9893: Press Cuttings Concerning United Nations World Refugee Year, 28.05.1959-07.10.1959.

36. HKRS437-1-12: Illegal Immigrant Report - G.E.F. (22.03.1977-21.11.1979).

37. HKRS437-1-4: Illegal Immigration, 30.03.1962-13.04.1967.

38. HKRS545-1-23-1: Illegal Immigration 1962-79.

39. HKRS545-1-23-2: Illegal Immigration 1980.

40. HKRS70-1-160: Refugee Exodus - May, 1962.

41. HKRS70-2-131: Border - Border Incidents PT. I.

42. HKRS70-2-132: Border - Closed Frontier Area.

43. HKRS70-3-458: Refugees - Refugees in Hong Kong.

44. HKRS70-3-460: Refugees - World Refugee Year.

45. HKRS70-3-629: Sunshine Island (For the Rehabilitation of Refugees).

46. HKRS70-8-1682: Governor's Visit to U.K. for Talks on Refugee Problem.

47. HKRS70-8-2104: Immigration, Illegal from China.

48. HKRS742-14-1: Illegal Immigration - Land Frontiers New Territories and Marine, 03.09.1957-22.10.1965.

49. HKRS773-4-33: Illegal Immigration Statistics and Reports.

50. HKRS881-1-17: Illegal Immigration Working Party, 12.09.1963-06.09.1966.

51. HKRS890-2-18: Immigrants in Hong Kong - World Refugee Year (R.M.U.) (U. S. Aid) - Schemes for Assistance by the Refugee and Migration Unit of U. S. Consulate General (Surplus Food Staffs), 10.08.1960-13.01.1968.

52. HKRS908-1-61: Illegal Immigration - Effects of Legal and Illegal Immigration.

53. HKRS908-1-67: Illegal Immigration - Joint Operation Control Group.

54. HKRS908-1-68: Illegal Immigration - Joint Operation Control Group.

55. HKRS908-1-69: Illegal Immigration - Joint Operation Control Group.

56. HKRS908-1-72: Illegal Immigration - Discussion Papers for J.O.C.G., 04.1979-15.08.1979.

57. HKRS908-1-82: Illegal Immigration - Implementation of Illegal Emigration Controls in China.

58. HKRS934-9-73: World Refugee Year.

59. Hong Kong Government. *A Problem of People*. Hong Kong: Government Printer, 1960.

60. Hong Kong Government. *Annual Report on Hong Kong for the Year, 1948*. Hong Kong: Government Printer, 1949.

61. Hong Kong Government. *Annual Report, 1954*. Hong Kong: Government Printer, 1955.

62. Hong Kong Government. *Annual Report, 1956*. Hong Kong: Government Printer, 1957.

63. Hong Kong Government. *Annual Report, 1959*. Hong Kong: Government Printer, 1960.

64. Hong Kong Government. *Annual Report, 1960*. Hong Kong: Government Printer, 1961.

65. Hong Kong Government. *Annual Report, 1962*. Hong Kong: Government Printer, 1963.

66. Hong Kong Government. *Hong Kong Hansard, Reports of the Meetings of the Legislative Council of Hong Kong, Session 1949*. Hong Kong: Government Printer, 1950.

67. Hong Kong Government. *Hong Kong Statistics, 1947-1967*. Hong Kong: Census & Statistics Department, 1969.

68. Hong Kong Government. *Report on the Riots in Kowloon and Tsuen Wan, October 10th to 12th, 1956, together with Covering Despatch Dates the 23rd December, 1956, from the Governor of Hong Kong to the Secretary of State for the Colonies*. Hong Kong: Government Printer, 1956.

69. Hong Kong Legislative Council. "Hong Kong Hansard: Reports of the Sittings

of the Legislative Council of Hong Kong, 7 March 1951." *http://www.legco.gov. hk/1951/ h510307.pdf*. Online Records of the Legislature.

70. Hong Kong Legislative Council. "Hong Kong Hansard: Reports of the Sittings of the Legislative Council of Hong Kong, 7 April 1954." *http://www.legco.gov.hk/1954/ h540407.pdf*. Online Records of the Legislature.

71. Hong Kong Legislative Council. "Hong Kong Hansard: Reports of the Sittings of the Legislative Council of Hong Kong, 27 February 1957." *http://www.legco.gov.hk/ 1957/h570227.pdf*. Online Records of the Legislature.

72. Hong Kong Legislative Council. "Hong Kong Hansard: Reports of the Sittings of the Legislative Council of Hong Kong, 18 December 1957." *https://www.legco.gov. hk/1957/h571218.pdf*. Online Records of the Legislature.

73. Hong Kong Legislative Council. "Hong Kong Hansard: Reports of the Sittings of the Legislative Council of Hong Kong, 26 March 1958." *http://www.legco.gov. hk/1958/h580326.pdf*. Online Records of the Legislature.

74. Hong Kong Legislative Council. "Hong Kong Hansard: Reports of the Sittings of the Legislative Council of Hong Kong, 25 June 1958." *http://www.legco.gov. hk/1958/h580625.pdf*. Online Records of the Legislature.

75. Hong Kong Legislative Council. "Hong Kong Hansard: Reports of the Sittings of the Legislative Council of Hong Kong, 18 April 1962." *http://www.legco.gov. hk/1962/h620418.pdf*. Online Records of the Legislature.

76. Hong Kong Legislative Council. "Hong Kong Hansard: Reports of the Sittings of the Legislative Council of Hong Kong, 13 June 1962." *http://www.legco.gov. hk/1962/ h620613.pdf*. Online Records of the Legislature.

77. Hong Kong Legislative Council. "Hong Kong Hansard: Reports of the Sittings of the Legislative Council of Hong Kong, 13 October 1971." *http://www.legco.gov.hk/ yr71-72/h711013.pdf*. Online Records of the Legislature.

78. Hong Kong Legislative Council. "Hong Kong Hansard: Reports of the Sittings of the Legislative Council of Hong Kong, 20 June 1979." *http://www.legco.gov.hk/yr78- 79/english/lc_sitg/hansard/h790620.pdf*. Online Records of the Legislature.

79. Hong Kong Legislative Council. "Hong Kong Hansard: Reports of the Sittings of the Legislative Council of Hong Kong, 22 October 1980." *http://www.legco.gov.hk/ yr80-81/english/lc_sitg/hansard/h801022.pdf*. Online Records of the Legislature.

80. Hong Kong Legislative Council. "Hong Kong Hansard: Reports of the Sittings of the Legislative Council of Hong Kong, 23 October 1980." *http://www.legco.gov.hk/ yr80-81/english/lc_sitg/hansard/h801023.pdf*. Online Records of the Legislature.

81. Immigration Department of Hong Kong. *Annual Departmental Report for the*

Financial Year 1961/1962 and 1962/63. Hong Kong: Government Printer, 1963.

82. Immigration Department of Hong Kong. *Annual Departmental Report for the Financial Year 1966/67.* Hong Kong: Government Printer, 1967.

83. Immigration Department of Hong Kong. *Annual Departmental Report for the Financial Year 1967/68.* Hong Kong: Government Printer, 1968.

84. Immigration Department of Hong Kong. *Annual Departmental Report for the Financial Year 1969/70.* Hong Kong: Government Printer, 1970.

85. Immigration Department of Hong Kong. *Annual Departmental Report for the Financial Year 1973/74.* Hong Kong: Government Printer, 1974.

86. Immigration Department of Hong Kong. *Annual Departmental Report for the Financial Year 1974/75.* Hong Kong: Government Printer, 1975.

87. Immigration Department of Hong Kong. *Annual Departmental Report for the Financial Year 1976/77.* Hong Kong: Government Printer, 1977.

88. Immigration Department of Hong Kong. *Annual Departmental Report for the Financial Year 1977/78.* Hong Kong: Government Printer, 1978.

89. 香港入境事務處:《入境事務處四十周年紀念》。香港:入境事務處,2001 年。

90. 香港入境事務處:《入境事務處五十周年紀念,1961-2011》。香港:入境事務處,2011 年。

91. 香港政府:《一九七〇年香港年報》。香港:政府印務局,1971 年。

92. 香港政府:《一九七一年香港年報》。香港:政府印務局,1972 年。

93. 香港政府:《一九七二年香港年報》。香港:政府印務局,1973 年。

94. 香港政府:《一九七三年香港年報》。香港:政府印務局,1974 年。

95. 香港政府:《一九七五年香港年報》。香港:政府印務局,1976 年。

96. 香港政府:《香港一九七八年:一九七七年的回顧》。香港:政府印務局,1978 年。

97. 香港政府:《香港一九八一年:一九八〇年的回顧》。香港:政府印務局,1981 年。

98. 寶安縣委:〈寶安縣關於當前邊防情況的報告〉(1962 年 5 月 10 日)。(深圳市寶安區檔案館檔案彙編:檔案號不詳)。

99. 寶安縣委:〈關於制止群眾流港工作的情況報告〉(1962 年 7 月 12 日)。(深圳市寶安區檔案館檔案彙編:檔案號不詳)。

中英文報紙

1. *South China Morning Post*
2. 《人民日報》
3. 《大公報》
4. 《工商日報》
5. 《明報》
6. 《南方日報》
7. 《星島日報》
8. 《香港時報》
9. 《華僑日報》

英文書籍

1. Carroll, John M. *A Concise History of Hong Kong*. Lanham: Rowman & Littlefield, 2007.
2. Chan, Johannes Man-mun and Rwezaura, Barthazar A., eds. *Immigration Law in Hong Kong: An Interdisciplinary Study*. Hong Kong: Sweet & Maxwell Asia, 2004.
3. Chu, Cindy Yik-yi. *The Chinese Sisters of the Precious Blood and the Evolution of the Catholic Church*. Singapore: Palgrave Macmillan, 2016.
4. Chu, Cindy Yik-yi. *The Maryknoll Sisters in Hong Kong, 1921-1969: In Love with the Chinese*. New York: Palgrave Macmillan, 2004.
5. Dikötter, Frank. *Mao's Great Famine: The History of China's Most Devastating Catastrophe, 1958-1962*. New York: Walker & Co., 2010.
6. Drakakis-Smith, D. W. *High Society: Housing Provision in Metropolitan Hong Kong, 1954 to 1979, A Jubilee Critique*. Hong Kong: Centre of Asian Studies, University of Hong Kong, 1979.
7. Endacott, G. B. *A History of Hong Kong*. Hong Kong: Oxford University Press, 1973.
8. Endacott, G. B. and Birch, Alan. *Hong Kong Eclipse*. Hong Kong: Oxford University Press, 1978.
9. Endacott, G. B. and Hinton, A. *Fragrant Harbour: A Short History of Hong Kong*. Hong Kong: Oxford University Press, 1962.
10. Faure, David, ed. *A Reader in Social History*. Hong Kong: Oxford University Press, 2003.

11. Faure, David. *Colonialism and the Hong Kong Mentality*. Hong Kong: Centre of Asian Studies, The University of Hong Kong, 2003.

12. Feng, Zhong-ping. *The British Government's China Policy, 1945-1950*. Keele, Staffordshire: Ryburn Publishing, 1994.

13. Gatrell, Peter. *Free World?: The Campaign to Save the World's Refugees, 1956-1963*. Cambridge, UK; New York: Cambridge University Press, 2011.

14. Grantham, Alexander. *Via Ports: From Hong Kong to Hong Kong*. Hong Kong: Hong Kong University Press, 1965.

15. Hambro, Edvard. *The Problem of Chinese Refugees in Hong Kong: Report Submitted to the United Nations High Commission for Refugees*. Leyden: Sijthoff, 1955.

16. High Commissioner's Advisory Committee on Refugees. *Report by the High Commissioner Concerning the Question of Chinese Refugees in Hong Kong*. New York: United Nations, 1953.

17. Ho, Pui-yin. *The Administrative History of the Hong Kong Government Agencies, 1841-2002*. Hong Kong: Hong Kong University Press, 2004.

18. Holborn, Louise W. *Refugees: A Problem of Our Time: The Work of the United Nations High Commissioner for Refugees, 1951-1972*. New Jersey: Scarecrow Press, 1975.

19. Hong Kong Council of Social Service. *40 Anniversary: A Commemorative Issue: 1947-1987*. Hong Kong: Hong Kong Council of Social Service, 1987.

20. Hopkins, Keith, ed. *Hong Kong: The Industrial Colony: A Political, Social and Economic Survey*. Hong Kong: Oxford University Press, 1971.

21. Lang, Graeme and Ragvald, Lars, *The Rise of a Refugee God: Hong Kong's Wong Tai Sin*. Hong Kong: Oxford University Press, 1993.

22. Mark, Chi-kwan. *Hong Kong and the Cold War: Anglo-American Relations 1949-1957*. Oxford: Clarendon; New York: Oxford University Press, 2004.

23. Miners, Norman. *The Government and Politics of Hong Kong*. Hong Kong: Oxford University Press, 1982.

24. Ngo, Tak-Wing, ed. *Hong Kong's History: State and Society under Colonial Rule*. London: Routledge, 1999.

25. Patrikeeff, Felix. *Mouldering Pearl: Hong Kong at the Crossroads*. London: G. Philip, 1989.

26. Roberts, Priscilla and Carroll, John M., eds. *Hong Kong in the Cold War*. Hong Kong: Hong Kong University Press, 2016.

27. Scott, Ian. *Political Change & the Crisis of Legitimacy in Hong Kong*. Hong Kong: Oxford University Press, 1989.

28. Sinn, Elizabeth. *Power and Charity: A Chinese Merchant Elite in Colonial Hong Kong*. Hong Kong: Hong Kong University Press, 2003.

29. Sinn, Elizabeth, ed. *Between East and West: Aspects of Social and Political Development in Hong Kong.* Hong Kong: Centre of Asian Studies, 1990.

30. Smart, Alan. *Making Room: Squatter Clearance in Hong Kong.* Hong Kong: Centre of Asian Studies, University of Hong Kong, 1992.

31. Smart, Alan. *The Shek Kip Mei Myth: Squatters, Fires and Colonial Rule in Hong Kong, 1950-1963.* Hong Kong: Hong Kong University Press, 2006.

32. Surface, Bill and Hart, Jim. *Freedom Bridge: Maryknoll in Hong Kong.* New York: Coward-McCann, Inc., 1963.

33. Tsang, Steve, ed. *Government and Politics.* Hong Kong: Hong Kong University Press, 1995.

34. Tsang, Steve. *A Modern History of Hong Kong.* Hong Kong: Hong Kong University Press, 2004.

35. Welsh, Frank. *A History of Hong Kong.* London: HarperCollins, 1993.

36. Wong, Aline K. *The Kaifong Associations and the Society of Hong Kong.* Taipei: Orient Cultural Service, 1985.

37. Wong, Siu-lun. *Emigrant Entrepreneurs: Shanghai Industrialists in Hong Kong.* Hong Kong: Oxford University Press, 1988.

中文書籍

1. 九龍海關編志辦公室編：《九龍海關誌，1887-1990》。廣州：廣東人民出版社，1993 年。

2. 中國大陸災胞救濟總會編：《浮屍‧逃亡‧人權》。台北：中國大陸災胞救濟總會，1978 年。

3. 中國大陸災胞救濟總會編：《五月逃亡潮救濟專輯》。台北：中國大陸災胞救濟總會，1963 年。

4. 中國大陸災胞救濟總會編：《救總十年》。台北：中國大陸災胞救濟總會，1960 年。

5. 中國大陸災胞救濟總會編：《救總實錄》（第 1 冊）。台北：中國大陸災胞救濟總會，1980 年。

6. 中國第一歷史檔案館編：《香港歷史問題檔案圖錄》。香港：三聯書店（香港）有限公司，1996 年。

7. 方治：《我生之旅》。台北：東大圖書，1986 年。

8. 王裕凱主編：《香港調景嶺難民營調查報告》。香港：香港大專社會問題研究社，1960 年。

9. 王慧麟：《閱讀殖民地》。香港：TOM (Cup Magazine) Publishing Limited，2005年。

10. 王賡武主編：《香港史新編》（上下冊）。香港：三聯書店（香港）有限公司，1997 年。

11. 田邁修 (Matthew Turner)、顏淑芬 (Irene Ngan) 編：《香港六十年代：身份、文化認同與設計》。香港：香港藝術中心，1995 年。

12. 江關生：《中共在香港》（下冊）。香港：天地圖書有限公司，2012 年。

13. 作者不詳：《震動世界的難民潮》。台北：新亞圖書，1979 年。

14. 何佩然：《城傳立新——香港城市規劃發展史（1841-2015）》。香港：中華書局（香港）有限公司，2016 年。

15. 何佩然：《地換山移：香港海港及土地發展一百六十年》。香港：商務印書館（香港）有限公司，2004 年。

16. 余繩武、劉蜀永主編：《20 世紀的香港》。香港：麒麟書業有限公司，1995 年。

17. 吳志森、李正儀、曲阿陽：《香港居民的國籍和居留權：1997 年前後的延續與轉變》。香港：香港大學亞洲研究中心，1997 年。

18. 吳建平主編：《調景嶺義民反共奮鬥史實》。台北：寰聲文化出版社，1958 年。

19. 呂大樂：《那似曾相識的七十年代》。香港：中華書局（香港）有限公司，2012年。

20. 呂大樂：《唔該，埋單———一個社會學家的香港筆記》。香港：牛津大學出版社，2007 年。

21. 李彭廣：《管治香港：英國解密檔案的啟示》。香港：牛津大學出版社，2012年。

22. 邢福增：《基督教史研究導論》。香港：建道神學院，2004 年。

23. 邢福增：《願祢的國降臨：戰後香港「基督教新村」的個案研究》。香港：建道神學院，2002 年。

24. 阮志：《入境問禁：香港邊境禁區史》。香港：三聯書店（香港）有限公司，

2014 年。

25. 周永新：《社會福利政策評析》。香港：天地圖書有限公司，1984 年。

26. 周永新：《香港社會福利的發展與政策》。香港：大學出版印務，1980 年。

27. 周佳榮、鍾寶賢、黃文江編著：《香港中華總商會百年史》。香港：香港中華總商會，2002 年。

28. 周奕：《香港左派鬥爭史》。香港：利文出版社，2002 年。

29. 周肇仁：《寶安邊境鬥爭紀事》。深圳：深圳市寶安區檔案局（館），深圳市寶安區史志辦公室，2006 年。

30. 東華三院百年史略編纂委員會：《東華三院百年史略》。香港：香港東華三院庚戌年董事局，1970 年。

31. 林芝諺：《自由的代價：中華民國與香港調景嶺難民營，1950-1961》。台北：國史館，2011 年。

32. 林潔珍、廖柏偉：《移民與香港經濟》。香港：商務印書館（香港）有限公司，1998 年。

33. 邵善波、李璇：《內地居民移居香港政策、現況的檢討及政策建議》。香港：一國兩制研究中心，2002 年。

34. 邵善波、李璇：《對香港人口政策和入境政策的檢討及建議》。香港：一國兩制研究中心，2002 年。

35. 南方都市報編著：《深港關係四百年》。深圳：海天出版社，2007 年。

36. 南兆旭：《解密深圳檔案》。深圳：海天出版社，2010 年。

37. 胡春惠主訪，李谷城、陳慧麗紀錄整理：《香港調景嶺營的誕生與消失：張寒松等先生訪談錄》。台北：國史館，1997 年。

38. 胡鴻烈、鍾期榮：《人權與國籍》。香港：圓桌文化，2010 年。

39. 香港中央圖書館編：《歷史與文化：香港史研究公開講座文集》。香港：香港公共圖書館，2005 年。

40. 香港中華文化促進中心編：《四十年代港穗文學活動研討會論文集》。香港：香港中華文化促進中心，1987 年。

41. 香港公民協會編：《香港公民協會二十週年紀念特刊：一九五四年至一九七四

年》。香港：香港公民協會，1974 年。

42. 馬木池等：《西貢歷史與風物》（香港：西貢區議會，2003 年）。

43. 基德多（Piero Gheddo）著，香港公教真理學會譯：《白英奇主教傳》。香港：香港公教真理學會，1992 年。

44. 張家偉：《六七暴動：香港戰後歷史的分水嶺》。香港：香港大學出版社，2012年。

45. 梁元生、王宏志編：《雙龍吐艷：滬港之文化交流與互動》。香港：滬港發展聯合研究所、香港亞太研究所，2005 年。

46. 梁家麟：《福音與麵包：基督教在五十年代的調景嶺》。香港：建道神學院基督教與中國文化研究中心，2000 年。

47. 陳永發：《中國共產革命七十年》（下冊）。台北：聯經出版公司，1998 年。

48. 陳昕、郭志坤編：《香港全紀錄》（第 1、2 卷）。上海：上海人民出版社，1997年。

49. 陳秉安：《大逃港》。廣州：廣東人民出版社，2010 年。

50. 陳慎慶編：《諸神嘉年華：香港宗教研究》。香港：牛津大學出版社，2002 年。

51. 曾銳生：《管治香港：政務官與良好管治的建立》。香港：香港大學出版社，2007 年。

52. 港澳與近代中國學術研討會論文集編輯委員會編：《港澳與近代中國學術研討會論文集》。台北：國史館，2000 年。

53. 湯開建、蕭國健、陳佳榮主編：《香港 6000 年：遠古—1997》。香港：麒麟書業，1998 年。

54. 程美寶、趙雨樂合編：《香港史研究論著選輯》。香港：香港公開大學出版社，1999 年。

55. 華僑日報編：《1954 年香港年鑑》。香港：華僑日報，1954 年。

56. 華僑日報編：《1957 年香港年鑑》。香港：華僑日報，1957 年。

57. 華僑日報編：《1958 年香港年鑑》。香港：華僑日報，1958 年。

58. 華僑日報編：《1966 年香港年鑑》。香港：華僑日報，1966 年。

59. 華僑日報編：《1968 年香港年鑑》。香港：華僑日報，1968 年。

60. 華僑日報編：《1969 年香港年鑑》。香港：華僑日報，1969 年。

61. 華僑日報編：《1970 年香港年鑑》。香港：華僑日報，1970 年。

62. 楊汝萬、王家英合編：《香港公營房屋五十年》。香港：中文大學出版社，2003 年。

63. 廖迪生、張兆和、蔡志祥合編：《香港歷史、文化與社會 1（教與學篇）》。香港：香港科技大學華南研究中心，2001 年。

64. 漢布茹（Edvard Hambro）著，中國大陸災胞救濟總會節譯：《香港中國難民問題》。台北：中國大陸災胞救濟總會，1958 年。

65. 劉義章、黃文江編：《香港社會與文化史論集》。香港：香港中文大學聯合書院，2002 年。

66. 劉義章、計超：《孤島扁舟：見證大時代的調景嶺》。香港：三聯書店（香港）有限公司，2015 年。

67. 劉蜀永主編：《簡明香港史》。香港：三聯書店（香港）有限公司，1998 年。

68. 劉潤和、冼玉儀主編：《益善行道：東華三院 135 周年紀念專題文集》。香港：三聯書店（香港）有限公司，2006 年。

69. 劉潤和：《香港市議會史，1883–1999：從潔淨局到市政局及區域市政局》。香港：康樂及文化事務署，2002 年。

70. 劉智鵬主編：《展拓界址：英治新界早期歷史探索》。香港：中華書局（香港）有限公司，2010 年。

71. 潘鳴嘯（Michel Bonnin）著，歐陽因（Annie Au-Yeung）譯：《失落的一代：中國的上山下鄉運動，1968-1980》。香港：中文大學出版社，2009 年。

72. 潘毅、余麗文編：《書寫城市：香港的身份與文化》。香港：牛津大學出版社，2003 年。

73. 鄧開頌、陸曉敏主編：《粵港關係史，1840-1984》。香港：麒麟書業有限公司，1997 年。

74. 鄭宏泰、黃紹倫：《香港身份證透視》。香港：三聯書店（香港）有限公司，2004 年。

75. 魯言編：《香港掌故》（第 3 集）。香港：廣角鏡出版有限公司，1981 年。

76. 魯言編：《香港掌故》（第 5 集）。香港：廣角鏡出版有限公司，1982 年。

77. 魯言編：《香港掌故》（第 12 集）。香港：廣角鏡出版有限公司，1977 年。

78. 魯言編：《香港掌故》（第 13 集）。香港：廣角鏡出版有限公司，1991 年。

79. 蔡德麟主編：《深港關係史話》。深圳：海天出版社，1997 年。

80. 蕭惠慈編：《大公報一百年》。香港：大公報出版有限公司，2002 年。

81. 錢庠理：《歷史的變局：從挽救危機到反修防修，1962–1965》（中華人民共和國史·第 5 卷）。香港：香港中文大學當代中國文化研究中心，2008 年。

82. 盧瑋鑾：《香港文縱：內地作家南來及其文化活動》。香港：華漢，1987 年。

83. 薛鳳旋、鄺智文編著：《新界鄉議局史：由租借地到一國兩制》。香港：三聯書店（香港）有限公司、香港浸會大學當代中國研究所，2011 年。

84. 鄺智文、蔡耀倫：《東方堡壘：香港軍事史（1840-1970）》。香港：中華書局（香港）有限公司，2018 年。

85. 謝均才編：《我們的地方，我們的時間：香港社會新編》。香港：牛津大學出版社，2002 年。

86. 羅婉嫻：《香港西醫發展史，1842–1990》。香港：中華書局（香港）有限公司，2018 年。

87. 羅永生：《殖民無間道》。香港：牛津大學出版社，2007 年。

88. 關禮雄：《日佔時期的香港》。香港：三聯書店（香港）有限公司，1993 年。

89. 蘇錫文：《中共喪鐘響了：大陸饑胞集體逃亡實錄》。香港：中外文化事業有限公司，1962 年。

90. 寶安縣地方志編纂委員會：《寶安縣志》。廣州：廣東人民出版社，1997 年。

中英文論文

1. Chung, Fung-chi, "The Struggle for Social Integration: Chinese Refugee Adjustment to the Urban Setting in Hong Kong." Ph.D. diss., Brown University, 1983.

2. Chen, H. Y. "The Development of Immigration Law and Policy: The Hong Kong Experience." *McGill Law Journal*. Vol. 33, No. 4 (1988), pp. 631-675.

3. Covin, David Leroy, "Political Culture as an Analytical Instrument: An Examination of Refugees in Hong Kong." Ph.D. diss., Washington State University, 1970.

4. Dial, Oliver Eugene. "An Evaluation of the Impact of China's Refugees in Hong Kong on the Structure of the Colony's Government in the Period following World War II." Ph.D. diss., Claremont Graduate School and University Center, 1965.

5. Lan, Kenneth On-wai. "Rennie's Mill: The Origin and Evolution of a Special Enclave in Hong Kong." Ph.D. diss., University of Hong Kong, 2006.

6. Mark, Chi-kwan. "The 'Problem of People': British Colonials, Cold War Powers, and the Chinese Refugees in Hong Kong, 1949-62." *Modern Asian Studies*. Vol. 41, No. 6 (November 2007), pp. 1145-1181.

7. Peterson, Glen. "To be or not to be a Refugee: The International Politics of the Hong Kong Refugee Crisis, 1949-1955." *Journal of Commonwealth and Imperial History*. Vol. 36, No. 2 (2008), pp. 171-195.

8. Rice, James P., Leavitt, Moses A., and Swanstrom, Edward E. "The World Refugee Year 1959-1960." *Journal of Jewish Communal Service*. Vol. 37, No. 2 (1961), pp. 260-269.

9. Wu, Chung-Tong and Inglis, Christine. "Illegal Immigration to Hong Kong." *Asian and Pacific Migration Journal*. Vol. 1, No. 3-4 (1992), pp. 601-621.

10. 于群、程舒偉：〈美國的香港政策（1942-1960）〉。《歷史研究》（1997 年第 3 期），頁 53-66。

11. 李若建：〈中國大陸遷入香港的人口研究〉。*http://www.usc.cuhk.edu.hk/wkgb.asp*。香港中文大學中國研究服務中心中國研究論文庫。

12. 李富林：〈我早期在寶安縣工作的回憶〉。*http://www1.szzx.gov.cn/content/2013-04/23/content_8987007.htm*。深圳文史，第 8 輯。

13. 陳柱榮口述，唐冬晨、申晨撰：〈改革開放就是要老百姓都富裕起來〉。《寶安史志》（2010 年第 2 期；總第 33 期），頁 17-20。

14. 萱子：〈風雨百年邊防證〉。《寶安史志》（2010 年第 1 期；總第 32 期），頁 48-49。

15. 趙綺娜：〈冷戰與難民援助：美國「援助中國知識人士協會」，一九五二年至一九五九年〉。《歐美研究》（第 27 卷第 2 期，1997 年 6 月），頁 65-108。

16. 劉恆：〈從集體化到城市化：在寶安縣參加農村工作的一點體會〉。*http://www1.szzx.gov.cn/content/2013-04/22/content_8986978.htm*。深圳文史，第 10 輯。

17. 鄭赤琰：〈中國移民之外因〉。*https://www.china-week.com/html/278.htm*。中國報導週刊。

互聯網資源

1. "Convention and Protocol Relating to the Status of Refugees." *https://www.unhcr.org/protect/PROTECTION/3b66c2aa10.pdf*. Website of United Nations High Commissioner for Refugees.

2. "Definition of Refugee." *http://www.m-w.com/dictionary/refugee*. Merriam-Webster Online Dictionary.

3. "List of Ramon Magsaysay Awardees." *https://www.rmaward.asia/database/lstofrmawardees.php?ccode=HK*. Website of The Ramon Magsaysay Award Foundation.

4. "OAU Convention Governing the Specific Aspects of Refugee Problems in Africa, adopted by the Assembly of Heads of State and Government at its Sixth Ordinary Session, Addis-Ababa, 10 September 1969." *https://www.unhcr.org/about-us/background/45dc1a682/oau-convention-governing-specific-aspects-refugee-problems-africa-adopted.html?query=OAU*. Website of United Nations High Commissioner for Refugees.

5. "Refugee." *https://www.britannica.com/topic/refugee*. Encyclopædia Britannica Online.

6. Stevenson, Angus, ed. "Refugee." *https://www-oxfordreference-com.ezproxy.lb.polyu.edu.hk/view/10.1093/acref/9780199571123.001.0001/m_en_gb0696940?rskey=7rQ3PK&result=3*. Oxford Reference Online.

7. "The Award." *https://www.rmaward.asia/#awardees*. Website of The Ramon Magsaysay Award Foundation.

8. United Nations High Commissioner for Refugees. "World Refugee Year (A/RES/1285)." *https://www.unhcr.org/excom/bgares/3ae69ef3a/world-refugee-year.html?query=1285%20(XIII)*. UNHCR - World Refugee Year.

9. 〈文藝宣傳員 1979 年偷渡香港 文革時期曾「又紅又專」〉。*http://news.ifeng.com/society/lnrs/detail_2013_03/18/23229606_1.shtml*。鳳凰網資訊。

10. 〈石硤尾邨歷史背景〉。*https://www.housingauthority.gov.hk/hdw/b5/aboutus/events/community/heritage/about.html*。香港房屋委員會網站。

11. 〈社聯簡介〉。*http://hkcss.org.hk/c/fc_detail1.asp?fc_id=15*。香港社會服務聯會網站。

12. 〈香港房屋協會〉。*https://www.hkhs.com/tc/about-us/history-milestones*。香港房屋協會網站。

13. 〈追源溯流話東華〉。*http://www.tungwah.org.hk/?content=36*。東華三院網站。

14. 〈倡立源起〉。*https://www.poleungkuk.org.hk/about-us/about-po-leung-kuk*。保良局網站。

15. 蓋伊・古德溫—吉爾（Guy S. Goodwin-Gill）：〈《關於難民地位的公約》及其議定書〉。*http://legal.un.org/avl/pdf/ha/prsr/prsr_c.pdf*。United Nations Audiovisual Library of International Law。

16. 〈嘉道理農業輔助會〉。*https://www.kfbg.org/chi/early-days.aspx*。嘉道理農場暨植物園網站。

17. 〈聯合國難民署的歷史〉。*https://www.unhcr.org/hk/about-us/history*。聯合國難民署網站。

18. 〈關於難民地位的公約〉。*https://www.un.org/chinese/hr/issue/docs/82.PDF*。聯合國網站。

電視節目

1. 〈香港歷史系列 II：調景嶺歲月〉。*https://podcast.rthk.hk/podcast/item.php?pid=285&eid=10439&year=2011&lang=zh-CN*。香港電台網站。

2. 香港無線電視：〈大逃港（上）〉。《星期日檔案》（2012 年 11 月 11 日）。

3. 香港無線電視：〈大逃港（下）〉。《星期日檔案》（2012 年 11 月 18 日）。

4. 〈解密檔案：從大逃亡到大開放〉。*https://video.tudou.com/v/XNjY1NzQ1Njc2.html?spm=a2h0k.8191414.0.0&from=s1.8-1-1.2*。土豆網。

5. 鳳凰衛視：〈黑潮：30 年逃港風波紀實（一）〉。《鳳凰大視野》（2007 年 11 月 19 日）。

6. 鳳凰衛視：〈黑潮：30 年逃港風波紀實（三）〉。《鳳凰大視野》（2007 年 11 月 21 日）。

訪問資料

廣東省深圳市福田區下沙村村民黃先生口述（2011 年 7 月 2 日）。

附 錄 一

1946 年至 1981 年的香港人口

年份	年中人口
1946	1,600,000（年初）
1947	1,750,000
1948	1,800,000
1949	1,857,000
1950	2,237,000
1951	2,015,300
1952	2,125,900
1953	2,242,200
1954	2,364,900
1955	2,490,400
1956	2,614,600
1957	2,736,300
1958	2,854,100
1959	2,967,400
1960	3,075,300
1961	3,174,700
1962	3,346,600
1963	3,503,700
1964	3,594,200

年份	年中人口
1965	3,692,300
1966	3,732,400
1967	3,834,000
1968	3,802,700
1969	3,863,900
1970	3,959,000
1971	4,045,300
1972	4,123,600
1973	4,241,600
1974	4,377,800
1975	4,461,600
1976	4,518,000
1977	4,583,700
1978	4,667,500
1979	4,870,500
1980	5,024,400
1981	5,163,100

資料來源：Hong Kong Government, *Hong Kong Statistics, 1947-1967* (Hong Kong: Census & Statistics Department, 1969), p. 14；林潔珍、廖柏偉：《移民與香港經濟》（香港：商務印書館〔香港〕有限公司，1998 年），頁 13；Hong Kong Government, *Annual Reports, 1946-1981* (Hong Kong: Government Printer, 1947-1982).

附 錄 二

1970 年至 1981 年內地非法入境者數字

年份	偷渡時被截獲或向軍警自首	遣返內地	逃逸
1970	1,676	不詳	3,416
1971	3,467	不詳	5,062
1972	5,686	252	12,958
1973	6,057	389	17,561
1974	7,150	223	19,565
1975	1,173	1,133	7,100
1976	838	810	7,226
1977	1,815	1,779	6,546
1978	8,205	8,192	11,233
1979	89,000	89,652	102,826
1980	82,156	不詳	67,964
1981	7,530	不詳	1,690

資料來源：香港政府檔案；Chung-Tong Wu and Christine Inglis, "Illegal Immigration to Hong Kong," *Asian and Pacific Migration Journal*, Vol. 1, No. 3-4 (1992), p. 605；林潔珍、廖柏偉：《移民與香港經濟》（香港：商務印書館〔香港〕有限公司，1998 年），頁 17。

從救濟到融合

策劃編輯	梁偉基	
責任編輯	王　昊	
封面設計	吳丹娜	
版式設計	吳冠曼	

書　　名	從救濟到融合
	——香港政府的「中國難民政策」（1945-1980）
著　　者	黃耀忠
出　　版	三聯書店（香港）有限公司
	香港北角英皇道 499 號北角工業大廈 20 樓
	Joint Publishing (H.K.) Co., Ltd.
	20/F., North Point Industrial Building,
	499 King's Road, North Point, Hong Kong
香港發行	香港聯合書刊物流有限公司
	香港新界大埔汀麗路 36 號 3 字樓
印　　刷	美雅印刷製本有限公司
	香港九龍觀塘榮業街 6 號 4 樓 A 座
版　　次	2020 年 1 月香港第一版第一次印刷
規　　格	大 32 開（140 × 210 mm）240 面
國際書號	ISBN 978-962-04-4543-9

© 2020 Joint Publishing (H.K.) Co., Ltd.

Published & Printed in Hong Kong